NYANKO KEIHOU

現役弁護士作家がネコと解説

にゃんこ刑法

五十嵐律人 著

多田玲子 絵

講談社

現役弁護士作家がネコと解説

にゃんこ刑法

CONTENTS にゃんこ刑法 目次

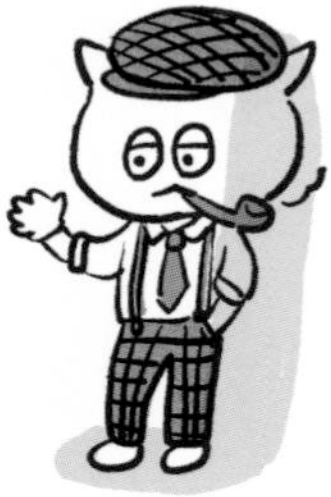

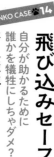

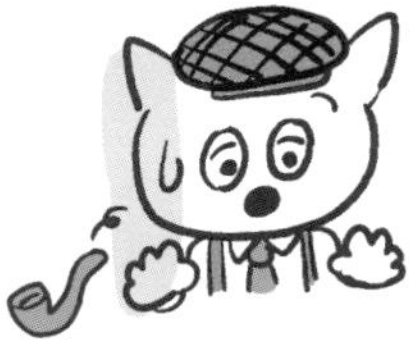

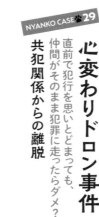

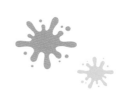

はじめに

私には、作家と弁護士の２つの肩書があるのですが、どちらの立場で活動するときにも、心掛けていることがあります。

それは、**法律をわかりやすく伝えることです**。

作家としては「法律の面白さ」。弁護士としては「法律論による解決までの道筋」。できる限り平易な言葉を用いて、かつ、具体的なイメージが持てるように伝える方法を、常に試行錯誤してきました。

ただ、法律や裁判は、一般の人からすると縁遠いものです。堅苦しい、難しい、関わりたくない……。そういったマイナスの印象を持っている人も、多くいることでしょう。

法律をしっかり学べば、日常生活と隣り合わせの存在だとわかりますし、魅力や奥深さに気がつくはずです。ですが、そこに辿り着くまでのハードルが高いのも事実です。

どうすれば、最初のハードルを乗り越えてもらえるか――。

そんな話を打ち合わせでしていると、担当編集者から思いもよらない提案を受けました。

「にゃんこで法律を説明しましょう！」

天才か、と思いました。頭に電流が流れたのです。

そのやり取りは、刑法の「原因において自由な行為（原自行為《げんじこうい》）」という法理論を解説するエッセイ企画の打ち合わせ中に行われたものでした。

原自行為は、「心神喪失者の行為は、罰しない」（刑法39条1項）で有名な責任能力に関する論点の一つです。

私が最初に提案したのは、「ワインをがぶ飲みして酩酊状態（酔っ払い状態）になったAさんが、恋敵のBさんを殺害したら罪に問えるか？」というものでした。刑法の責任能力といえばアルコールか薬物が定番なので、目新しい解説ではありません。

これをにゃんこの世界に置き換えると、どうなるでしょう。

「マタタビを嗅いで興奮したネコが、恋敵のネコに襲いかかったら罪に問えるか？」

物騒なストーリーであることは否めませんが、どこかシュールで愛らしさもあり、これで行きましょうと、打ち合わせはおおいに盛り上がりました。

そうしてできあがったのがＣＡＳＥ20の『マタタビ殺人事件』です。

この企画自体は単発のものだったのですが、**「ネコ×法律」に無限の可能性を感じたため、『にゃんこ刑法』を一冊の本にする企画が動き出しました。**

六法全書には約800件の法令が収録されていますし、法律の総数は2000以上あると言われています。メジャーな法律に限定しても、憲法、民法、会社法、道路交通法、労働基準法、著作権法……と、いくらでもあげることができます。

ですので、『にゃんこ刑法』ではなく、『にゃんこ六法』にして、さまざまな法律の解説を行う案も候補に上がっていました。

ですが、せっかく一冊の本にまとめるのであれば、つまみ食いではなく、フルコースを味わってほしい。そう思って、刑法一本に絞ることにしました。

刑法を選んだのは、もっともキャッチーで、最初に触れる法律として最適であると考えたからです。

刑法と聞くと、「犯罪者に刑罰を科すための法律」というイメージを持つ方が多くいると思います。刑法が「何が犯罪になるのか」を決めている、いわば**「犯罪カタログ」**的な要素を持っているのはそのとおりなのですが、刑法には他にも機能があります。

● **犯罪行為を明示することで、犯罪の発生を抑制する。**

●犯罪行為を禁止することで、社会秩序を維持する。
●犯罪行為を限定することで、それ以外の行為の自由を保障する。

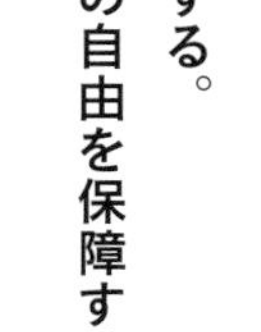

このように、刑法は犯罪者だけを対象にした法律ではなく、むしろ、罪を犯さずまっとうに生きている人々の権利や利益を保護する側面がとても大きいのです。

現代社会においては、ルールとしての法律が根底に存在しています。社会の変遷に従って刑法もアップデートを繰り返してきました。

ＳＮＳが普及してインターネット上の誹謗《ひぼう》中傷が社会問題化したことで、侮辱《ぶじょく》罪の厳罰化が進みました。性犯罪の適切な処罰を図るために、性犯罪規定が見直されました。違法ダウンロードの刑事罰化も、あおり運転の厳罰化も……。社会情勢や価値観の変化が影響を及ぼすことで、犯罪カタログは変化していきます。

つまり、**刑法を学ぶことは、社会を俯瞰することにも繋がるのです。**

刑罰を科された者は、前科を持つことになり、場合によっては刑務所に収監されます。そのような重大な結果をもたらすため、罰するべき人間を厳格に絞り込むために、刑法は数多くのルールを定めています。

因果関係、正当防衛、緊急避難、心神喪失――これらはすべて、罰する者を限定するために刑法が定めたハードルです。

それぞれの具体的な内容については本文で説明していますが、刑罰のメカニズムは非常によくできていると評価されています。**論理的かつ合理的な刑法論を学び理解することは、思考のトレーニングなどにも役立つはずです。**

刑法一本に絞ったことによって、かなり踏み込んだ部分まで取り扱うことができたので、その奥深さを味わっていただけたら嬉しいです。

本書の最大の特色は、さまざまなトラブルに巻き込まれたり、一線を越えて罪を犯すのが、人間ではなくネコである点でしょう。ハムスターに襲いかかったり、マタタビの裏取引が行われたり、ネコパンチをお見舞いしたり……。てんやわんやのリーガル・ネコストーリーを、ぜひ最後までお楽しみください。

念のために補足しておくと、現実世界では、人間とネコは明確に異なる権利主体として認識されています。財産権や表現の自由が人間に認められているのは、憲法によって人権が保障されているからです。

ネコは人間ではないので、人権は与えられていません。ですが、本書では、ネコを始めとした動物を人間のように扱っています。

法律の実用書ということもあり、誤った情報を記載するわけにはいきません。そこで正確を期するために、2つの「にゃんこ刑法特例」を定めることにします。

◆第1条
▼この法律において、動物（定義省略）は、人間（定義省略）と同様の権利義務を有するものとみなす。

◆第2条
▼人間及び動物間又は動物同士の犯罪行為の規律については、前条に規定する特例によるほか、刑法及び刑事訴訟法の規定による。

これで本書においては、人間と動物を同列に扱うことができます。その他の点については現実世界と同じルールを前提にしていますので、安心して読み進めてください。

それでは、にゃんこ刑法の世界にようこそ。

NYANKO CASE 1

不倫罪事件

は〜 オレはこうして張りこみで仕事してるのに、世の中はカップルだらけか……

ん?

ふわ〜

今夜……泊まれるんだろう…?

どうかしら…♡ ウ・フ・フ……♡

ガーン!

ちょ、まて!! よくみりゃ、うちのワイフじゃねぇか!!

くっそ〜! あんなチャラ男に……。「不倫は文化」なんかじゃあねェ……! 法の裁きをうけろってんだ……

勉強してやる……!

ネコでもわかる! 民法解説

お‼31条?!
POINT
不倫は不法行為‼
よって慰謝料を請求できます‼
よっしゃ!・違法だ!
おい、まて‼そこのいちゃつくカップル‼
ん?
不倫罪でタイホする‼
キリッ!
えー!?

犯罪カタログに載っていない行為に刑罰を科しちゃダメ!

罪刑法定主義 その1

さっそくですが問題です。**日本において「不倫」は違法な行為でしょうか?**

不倫で世間を賑わせた芸能人や、不倫が原因で離婚した知人(もしいれば)を思い浮かべながら考えてみてください。家庭を失ったり、仕事を失ったり、友人を失ったり……。社会的な制裁を受けた人はたくさんいますが、逮捕された人はいるでしょうか。

それでは、答え合わせです。

正解は、「**民法上は違法な行為だが、刑法上は違法な行為ではない**」になると思います。

「違法」という単語の意味を辞書で引くと、「法律・規定などにそむくこと。また、その行為(デジタル大辞泉)」と記載されています。つまり、違法か適法かは、法律・規定次第で変わるということです。

そして、特定の法律・規定に違反しているのかどうかを確認するには、一つ一つ条文に目を通していくしかありません。

たとえば、民法上は違法な行為と書きましたが、1000個以上条文がある民法のどこにも、「不倫」や「不貞」といった単語は登場しません。

その中で民法709条（不法行為による損害賠償）は、「故意又は過失によって他人の権利又は法律上保護される利益を侵害した者は、これによって生じた損害を賠償する責任を負う」と規定しており、**不倫は夫婦生活の平穏という「法律上保護される利益」を侵害するため、不法行為に当たる**と理解されています。

このように、解釈を施すことが必要な条文については、判例（過去の裁判において裁判所が示した法律的判断）も参照しなければなりません。インターネットで検索すれば、情報をまとめているサイトが見つかることもありますが、それが具体的な事例に当てはめられるのかを判断するには、法的な知識と経験が求められます。

少し脱線してしまいましたが、刑法における不倫の扱い方を次に見てみましょう。

かつては「**姦通罪**」という一部の不倫を処罰する規定が存在していましたが、現在の刑法において、不倫や不貞について定めた条文は存在しません。そして、民法709条のような規定も刑法には存在しません。

このように、条文と照らし合わせながら検討を行った結果、**不倫は、〈刑法上は〉違法な行為ではない**、という結論が導かれるわけです。

とはいえ、民法上は違法な行為であることは事実なので、今回の『不倫罪事件』の刑事ネコのように、はらわたが煮えくり返ったパートナーとしては、不倫罪で相手を逮捕して刑罰を科したくなるかもしれません。

当然、そのような暴走は認められないのですが、ここで議論したいのは、「**なぜ刑法に定められていない行為を罰してはいけないのか？**」です。

刑罰は「犯罪カタログ」に載っているモノだけ

この議論を前に進めるには、「**刑罰は何のために必要なのか？**」という命題から考える必要があります。少し哲学的な話になってきましたね。

理由はさまざまあるのですが、「個人の権利や利益を保護するため」というのが、主要な理由の一つです。

窃盗罪が定められているから、私たちは安心して財布を持ち歩くことができます。傷害罪や殺人罪が定められているから、私たちは安心して眠ることができます。刑法がなければ、平和な生活は（ときに事件が起きることはあっても）とても送れないでしょう。

一方で刑罰は、身体を拘束（懲役刑・禁錮刑）したり、財産を没収（罰金・科料）したりと、自由に行使できるはずの権利を国家が強制的に制限する制度でもあります。

このように、「権利を制限することで権利を保護する」刑罰は諸刃の剣なので、その行使は必要最小限の範囲に留めなければなりません。

つまり、反社会的な行為や非倫理的な行為がすべて犯罪となるわけではなく、**刑罰を科す対象を厳選する必要があります。**

どのような行為が犯罪となって、どの程度の刑罰を科されるか。それらの基準をあらかじめ刑法という犯罪カタログに明示しなければならない——。

この決まり事を、〝**罪刑法定主義**《ざいけいほうていしゅぎ》〟と呼んでいます。

犯「罪」や「刑」罰を、あらかじめ「法」律で「定」める。罪刑法定主義からは、具体的に3つのルールを導くことができます。

今回の『不倫罪事件』で問題となるのは、**ルールその1――「犯罪カタログに載っていない行為に刑罰を科しちゃダメ！」**です。

このルールは憲法にも定められています。

◆憲法31条
▼何人も、法律の定める手続によらなければ、その生命若しくは自由を奪はれ、又はその他の刑罰を科せられない。

繰り返しになりますが、不倫は社会的に許されない行為と考えられていますし、離婚原因になったり、不法行為として慰謝料を請求されたりもします。

ですが、刑法には不倫を処罰する規定がありません。ここでいう「刑法」とは、殺人罪や窃盗罪について定めている刑法典（狭義の刑法）ではなく、犯罪や刑罰について定めている犯罪カタログ（広義の刑法）を意味しています。

犯罪を処罰する法律というと、刑法典が真っ先に思い浮かぶと思いますが、実は他にもたくさんの犯罪カタログが準備されています。無免許運転や酒気帯び運転を罰則付きで禁止している道路交通法や、脱税に対して罰則付きのペナルティを科している各種税法なども、犯罪カタログに含まれます。

一方で、損害賠償を請求する余地は認めても罰則までは定めていない民法の不法行為は、犯罪カタログに含まれません。

ルールその1が徹底されている限り、犯罪カタログに載っていない行為の自由は保障されます。一方で、このルールに例外が認められると、もしかしたら自分がしようとしていることは犯罪かもしれないと不安になって、社会全体が萎縮してしまうでしょう。

このように犯罪カタログは、特定の行為を禁止することによって、それ以外の行為の自由を保障する側面も持っています。

「**法律なくして刑罰なし**」——これが、罪刑法定主義のルールその1です。

NYANKO CASE 2

マタタビ取締法違反事件

次のニュースです
またたび 本日から 違法へ
NEWS22
本日から またたびが 「違法薬物」と 指定されました…
街の声は…
名物の またたびまんじゅうも 販売禁止で……
まんじゅう
いや～ またたび酒を 売れないことに なり、困ってますわ…
トホホ……
酒
一方、夜の街では 違法な流通が 増加すると 予想されています…
NEWS22
Mのタブ…… 20まで5万
1つ たのむ
※一部モザイクがかかっています
※音声は変えてあります

では次のニュースです…
ハロンダの赤ちゃん生まれる
NEWS22
ゴロゴロ
またたび酒
ゴロン
え～!?
またたびが違法になるのかよ～
残念すぎる…
マ
MT TB

ひとまずまたたび酒のビンを片づけるとするか…
ピンポーン
ん？
あれ、まだ少しのこってるナ…
マ

マタタビ取締法違反でタイホする！
バン！
えー!?
マ

新たに掲載した犯罪カタログを遡って適用しちゃダメ！

罪刑法定主義 その2

犯「罪」や「刑」罰を、あらかじめ「法」律で「定」める。その決まり事を〝罪刑法定主義〟と呼ぶと、前回の『不倫罪事件』で説明しました。

罪刑法定主義は、刑法の考え方を学んでいく上で基本となる重要なルールですので、もう少し詳しく検討していきましょう。

罪刑法定主義の**ルールその2**は――

「新たに掲載した犯罪カタログを遡《さかのぼ》って適用しちゃダメ！」です。

このルールについても、憲法に定められています。

◆憲法39条
▼何人も、実行の時に適法であつた行為又は既に無罪とされた行為については、刑事上の責任を問はれない。

前回の事件でも憲法の規定を引用しましたが、憲法に定められていることがどのような意味を持つのか……その説明をしていませんでした。

憲法98条1項は、憲法と他の法律等の関係性について、次のように定めています。

◆憲法98条
▼1　この憲法は、国の最高法規であつて、その条規に反する法律、命令、詔勅及び国務に関するその他の行為の全部又は一部は、その効力を有しない。

「**最高法規**」と物々しく書かれているとおり、憲法は、日本の法体系ピラミッドの頂点に位置しています。つまり、憲法と法律とで異なる規定が置かれていた場合、優先されるのは憲法なので、当該法律の規定は「**違憲無効**（**憲法に違反するので無効**）」と判断されることになるのです。

このような唯一無二の効力が認められているからこそ、憲法に定められているという事実は特別な意味を持つわけです。

罪刑法定主義の威厳をちらつかせたところで、今回の『マタタビ取締法違反事件』を検討していきましょう。

今回の事件では、嗜好品の一つとして流通していたマタタビが、ある日突然に違法薬物に指定され、適法な時代にマタタビを嗜《たしな》んでいた気弱ネコが、「マタタビ取締法違反」で逮捕されてしまっています（もちろん、そんな法律は実在しません。念のため）。

合法ハーブと称して販売されていた薬物が規制の対象になったり、著作物の違法アップロードに加えて違法ダウンロードも規制の対象になったりと、これまでは適法（グレーゾーン）であった行為が後に犯罪カタログに掲載されることは珍しくありません。

社会の動きに応じて、新たな法律が制定されたり既存の法律が改正されたりするため、後追いする形になってしまうことは避けられないのです。

判決前に刑罰が廃止されたら「セーフ」？

もう一度、罪刑法定主義のルールその2が何であったかを確認しましょう。「新たに掲載した犯罪カタログを遡って適用しちゃダメ！」でしたね。

マタタビ酒の嗜みも、合法ハーブの摂取も、違法にアップロードされた著作物のダウンロードも、犯罪カタログに掲載された瞬間、刑法上も違法な行為となります。

同じ行為に及んだ場合であっても、タイミング次第で処罰される人と処罰をまぬがれる人とに分かれることとなり、不平等だと感じるかもしれません。

ですが、規制の対象になった後にそれらの行為に及んだ人たちは、犯罪カタログに掲載されているにもかかわらず、あえて罪を犯したことになります。知ろうと思えば認識できた（官報や法律に目を通すなど）以上、規制の対象になったことを知らなかったという言い訳は通用しません。

その一方で、規制の対象になる前の時点の行為も処罰することを認めると、ルールその1と同じような問題が生じてしまいます。

つまり、今は適法でも、いずれ違法になってしまうかもしれないから……と考えて、**社会全体が萎縮してしまう恐れがある**わけです。

危険ドラッグや違法ダウンロードは、既に犯罪カタログに掲載されているので、グレーゾーンのまま見逃されていたとしたら……というｉｆの世界線を想像することは難しいかもしれません。

違法スレスレなのに見逃されている行為を例として挙げたいところですが、そのような行為を助長するわけにもいかないのでやめておきます。

さて、ルールその2は、新たに禁止した行為だけではなく、既に禁止していた行為の刑罰を「**重く**」**した場合**にも適用されます。

懲役3年以下だった犯罪が懲役5年以下に厳罰化されたとしても、刑罰が軽かった時期に罪を犯した人に懲役4年や懲役5年を科すことはできません。

犯罪カタログは頻繁にアップデートされますが、最新版が常に適用されるわけではなく、その行為に及んだときに刊行されていた版によって、セーフかアウトか、どれくらいアウトかが決まるということです。

ちなみに、罪を犯した時点では懲役5年以下の刑罰だった犯罪が、判決が言い渡される前に懲役3年以下に**「軽く」なった場合**には、軽い刑罰が適用されます（刑法6条）。

また、罪を犯した時点では刑法で禁止されていた行為について、判決前に**その刑が廃止された場合**も、罪に問われることはありません（刑事訴訟法337条2号）。

刑罰が廃止されたり軽くなったりした場合には、ルールその2は適用されないということです。

刑罰が重くなった場合と軽くなった場合で、どうしてこのような違いが生じるのでしょうか。発展問題なので今回は説明を省略しますが、興味のある方は罪刑法定主義の趣旨を参考にしながら、ぜひ考えてみてください。

NYANKO CASE 3

クロネコいじめ事件

次のニュースです。連続障子破り事件、クロ・ネコの仕業では？という情報が入りました……
連続障子破り事件…
犯人はクロネコ?!
NEWS22
怪しい動きをするクロネコには処分という法改正になる、かも、ですね
障子破り事件
今後の展開は…
NEWS22
そうなれば安心はできますね…
え！
OMG
なにそれ～！そんなことになったら、うっかり障子のある家の前も通れニャイじゃんか～！
どうしよう…

法改正後のある日……
あ〜……障子のある家の前を通る時、めっちゃ緊張する……
ドキドキ…
ソワソワ…
おや……?!
そこのクロ・ネコの君、ちょっと止まってー!
ビクゥ!
ドキッ
プギャッ
む!
「プギャ!」とか言って挙動が不審だ!
「怪しいクロ・ネコ罪」でタイホだっ……!
え!そんな!?
タイホ〜!?

どうとでも解釈できる犯罪カタログはダメ！

罪刑法定主義 その3

罪刑法定主義の説明は、今回が最後になります。

ルールその1とその2が何だったか、まだ記憶に残っているでしょうか……？

法律は、ただでさえ漢字ばかりなのに、似たような単語や区別が曖昧な解釈も多く、暗記に苦労する学問だと思っています。〝罪刑法定主義〟という漢字の羅列をただ眺めるより、ストーリーと紐づけて学ぶ方が記憶の定着に資するはずです。

さて、罪刑法定主義の**ルールその3**は——

「**どうとでも解釈できる犯罪カタログはダメ！**」です。

刑法は、犯罪カタログをかなり細かく定めています。

たとえば、人が住んでいる建造物を故意に出火させたら「現住建造物等放火罪」、人が住んでいない建造物を故意に出火させたら「非現住建造物等放火罪」、建造物以外を故意に出火させたら「建造物等以外放火罪」、過失によって建造物を出火させたら「失火罪」……といった具合に、出火による犯罪は、建造物の性質（住人がいるか空き家か）や行為者の主観（わざとか不注意か）によって細かく分類されています。また、定められている刑罰も、50万円以下の罰金から死刑までさまざまです。

それなら、「出火罪」とひとまとめにした上で、幅広い刑罰を認めてしまえばいいのでは？　と疑問に思うかもしれません。

極論をいえば、「**悪いことをしたら適切な刑罰を科す**」という条文が一つ存在すれば、それだけで警察は自由に犯罪行為を取り締まれますし、頻繁に犯罪カタログをアップデートする必要もなくなります。

どうして、わざわざ犯罪カタログを細分化しているのでしょうか？

ルールその1で、犯罪カタログは、特定の行為を禁止することによって、それ以外の行為の自由を保障する側面も持っていると説明しました。

「悪いことをしたら適切な刑罰を科す」とだけ書いてある条文を読んで、どの行為が禁止されて、どの行為が許されるのかを判断することはできるでしょうか。
信号無視は？　友達の悪口は？　嘘をつくことは？

このように、「悪いこと」も「適切な刑罰」も、解釈の幅が広すぎる……つまり、どうとでも解釈できてしまいます。これでは、刑法に期待されている自由を保障する機能を果たすことは到底できません。
だからこそ、「どうとでも解釈できる犯罪カタログはダメ」なのです。

今回の事件のクロネコも、「**怪しい動きをしたら処分**」という理不尽な法改正が行われたことで、何をしたら処分されるのかがわからず、ビクビクしながら生活しています。障子を破ることはもちろん、爪を研ぐのも、マタタビを舐めるのも、怪しい動きとみなされるのでは……？　と怖くなってしまうでしょう。

刑罰に期待されている役割を果たすためにも、犯罪カタログは具体的かつ明確に定めなくてはいけません。スーパーの商品が「時価」ばかりだったら、怖くて手に取れませんよね。商品の説明や値段を明示することは安心にも繋がるのです。

「どうとでも解釈できる犯罪カタログ」は怖い——治安維持法

大正時代に制定されて、太平洋戦争後に廃止された「**治安維持法**」という法律がありま す。名称自体は、多くの人が耳にしたことがあると思います。

この法律には、「国体を変革することを目的として結社を組織しまたは事情を知りながら加入した者は10年以下の懲役又は禁錮に処する」といった趣旨の規定があり、加入に至らなくても、「協議」や「扇動」に関わった者にも刑罰が定められていました。

時代背景が大きく関わっていることは承知していますが、「国体を変革することを目的」という文言は、ルールその3を満たしていると言えるでしょうか？

治安維持法を、稀代の悪法と呼ぶ人もいます。運用の仕方に問題があったのか、定め方に問題があったのか、どちらにも問題があったのか。罪刑法定主義のルールを踏まえて条文を読み直すと、新たな発見があるかもしれません。

罪刑法定主義の説明は以上になります。

NYANKO CASE 4

運命的な殺人者事件

名探偵ニャーロック登場
ふむふむ…… にゃるほどネ…… わかってきたぞ……
被害者は青酸カリの入ったコーヒーを飲んで、死亡した様だニャ……
にゃんだって!?
ザワ・・・
にゃんと・・・
コーヒーポットに青酸カリを入れるチャンスがあったのは2人……
フー

執事の
ニャトラー氏!
ドキッ
ビクッ
そして、マダム・ペロー!
ビシッッ!
お2人のうちどちらかが犯人《ニャン》です…
さあ、素直《ニャオ》に名《ニャ》乗りをあげニャさい!
実はワシが……
実はわたくしが…
え…?
きょ…共犯!?
え!?
ワシも入れましたゾ!?
私、入れたわよ!?

「アレなければコレなし」と言えなければダメ！

因果関係 その1（条件関係）

犯罪カタログ全般の決まり事に関する説明がひと段落ついたところで、もう少し個別的な内容に踏み込んでみましょう。

ざっくりとした問題設定ですが、**犯罪が成立するためには、どのような要件を満たす必要があるでしょうか？**

殺人罪の場合、死亡結果が生じていることが必要です。また死亡と一口に言っても、病死や事故死、自殺なども含まれますから、殺意をもって襲いかかることも必要でしょう。

前者（死亡結果）を「**法益侵害結果**」、後者（殺意をもって襲いかかる行為）を「**実行行為**」と、それぞれ刑法の世界では呼んでいます。

ここで問題となるのが、実行行為と法益侵害結果が揃っていれば、犯罪カタログの要件を満たしていると考えてよいのか——です。

行為と結果が揃っているのだから充分だと思われるかもしれませんし、何かが足りないと感じたかもしれません。

殺人だけでは具体的なイメージが持ちにくいかもしれないので、他の犯罪についても考えてみましょう。

〈窃盗罪〉
金庫の中を物色して（実行行為）、１００万円を持ち去る（法益侵害結果）
〈傷害罪〉
ハンマーで殴りかかって（実行行為）、全治１ヵ月の骨折を負わせる（法益侵害結果）

といったように、犯罪の多くは、実行行為に及ぶだけでは足りず、それによって財産的損害（１００万円）や生理的機能の障害（全治１ヵ月の骨折）などの法益侵害結果を発生させることによって、犯罪カタログの要件を満たすと規定されています。

「いや、だから実行行為と法益侵害結果が揃っていればいいんでしょ?」と、まどろっこしく思われたかもしれません。さらっと書いてしまいましたが、重要なのは**「それによって」**という部分なのです。

たとえば背後からこっそりハンマーで殴りかかったところ、スマホに気を取られていた歩行者が小石に躓《つまず》いて、全治1ヵ月の骨折を負ったとします。暴漢に気付いて焦ったのではなく、ながらスマホの不注意によって転んだという設定です。

この場合でも、実行行為と法益侵害結果は揃っていますが、骨折はハンマーで殴りかかったことによって生じたと言えるでしょうか? まさにこの判断が、「それによって」と認められるかの分岐点となります。

〝実行行為→法益侵害結果〟の図式のうち、両者を結ぶ矢印のことを**「因果関係」**と呼んでいます。実行行為に及び、法益侵害結果が生じただけでは足りず、**両者が因果関係によって結び付けられていなければいけない**、ということです。

先ほどの傷害の事例だと、ハンマーでの強襲とは無関係に転倒している以上、因果関係は認められません。

では、ハンマーが相手に直撃したときにしか、因果関係は肯定されないのでしょうか？ハンマーを避けようとした際に足を滑らせて転倒してしまった場合も、「ハンマーによる強襲によって骨折した」とは言えないのでしょうか？

ここで明らかにしなければならないのは、因果関係の有無を判断する要件にはどのようなものがあるかです。実行行為と法益侵害結果の間を結ぶ矢印。その道のりには、どのような障害物が設けられているのでしょう。

因果関係の判断は複雑なので、今回の事件では第一ハードルである「**条件関係**」についてのみ検討します。

条件関係というのは、「**アレなければコレなし**」**の関係性**と言い換えることができます。アレなければコレなしと言えれば、条件関係を肯定。アレなくてもコレありと言える場合は、条件関係を否定。そんなシンプルなルールです。

細かく説明する前に、先ほどの傷害の事例に条件関係を当てはめてみましょう。

①ハンマー強襲↓直撃して骨折

「ハンマーで殴りかかっていなければ（アレなければ）、直撃して骨折しなかった（コレなし）」↓条件関係◯

②ハンマー強襲↓気付かずに躓いて骨折

「ハンマーで殴りかかっていなくても（アレなくても）、小石に躓いて骨折していた（コレあり）」↓条件関係×

③ハンマー強襲↓避けようとした際に足を滑らせて骨折

「ハンマーで殴りかかっていなければ（アレなければ）、避けようとして骨折しなかった（コレなし）」↓条件関係◯

どうでしょうか？　条件関係の判断はそれほど難しくないことが伝わったかと思います。アレなければコレなし……条件関係の問題点は、次の事件で説明します。

「盛った毒が多い」ほど処罰をまぬがれる？

今回の『運命的な殺人者事件』で検討したいのは、条件関係の公式が上手く当てはまらない場合の対処方法です。

マダム・ペローと執事のニャトラーが青酸カリをポットに入れたことによって、被害者は死亡しています。このとき、2匹が話し合って殺害計画を立てていたのであれば、協力関係が認められる（これを「**共犯関係**」と呼びます）ので、2匹の行為を一体としてみて「2匹が青酸カリをポットに入れなければ（アレなければ）、死亡しなかった（コレなし）」として条件関係が肯定できます。

問題は、2匹が偶然同じタイミングで青酸カリをポットに入れて、なおかつ一方の行動を把握していなかった場合です。この場合は**共犯関係が否定される**ので、それぞれの行動と結果の間に条件関係が認められる必要があります。

さらに場合分けして考えてみましょう。

①2匹が、それぞれ致死量の半分ずつの青酸カリをポットに入れた場合
「執事ニャトラーが青酸カリをポットに入れなければ（アレなければ）、致死量に達しなかったので死亡しなかった（コレなし）」
「マダム・ペローが青酸カリをポットに入れなければ（アレなければ）、致死量に達しなかったので死亡しなかった（コレなし）」

どちらかが青酸カリをポットに入れなければ致死量に達することはなかったので、それぞれ条件関係が肯定されます。

② 2匹が、それぞれ致死量の青酸カリを入れた場合
「執事ニャトラーが青酸カリをポットに入れなくても（アレなくても）、マダム・ペローの青酸カリだけで致死量に達しているので死亡した（コレあり）」

「マダム・ペローが青酸カリをポットに入れなくても（アレなくても）、執事ニャトラーの青酸カリだけで致死量に達しているので死亡した（コレあり）」

ということで、一方の毒薬がなくても他方の毒薬だけで致死量に達しているため、条件関係は否定されることになりそうです。

①と②の結論を見比べると、違和感を覚えないでしょうか？
致死量の半分しか毒薬を入れていないケースでは条件関係が肯定されて、致死量の毒薬を入れたケースでは条件関係が否定されているからです。**この結論を支持すると、より多くの毒薬を入れた場合だけ、処罰をまぬがれることになってしまいます。**

どちらの方が危険な行為かは、毒見をしなくても明らかでしょう。

このような不合理な結論を回避するために、「どちらかを除いても結果が発生するが、両方を除くと結果が発生しない場合には条件関係を肯定する」という特殊ルールを認めたり、「それぞれの行為を別個で見た場合に、行為と結果が矢印で繋がっているか」で判断したりといった方法を刑法学者は提示しています。

これ以上踏み込んだ説明は、本書では差し控えます。

そもそも、偶然同じタイミングで、偶然双方が致死量の半分の毒薬を入れるという事態が生じるのは、限りなくゼロに近い確率でしょう。

ほぼ間違いなく現実の世界では起きないとわかっていながら、何かの巡り合わせで直面する僅かな可能性に備えて理屈をこねくり回す。それが学問の役割なのかもしれません。

学問は小説よりも奇なり、といったところでしょうか。

NYANKO CASE 5

余命30分事件

とうとう発見…!!
あいつだけは許さニャイ……
地獄へおちろ!!
ザー…!
ウニャッ!?
グサッ!
ひとおもいには死なせない…ゆっくり苦しんで死ねニャ……
ク…クソ…!
ゴフッ
あと60分で死にま〜す!!
60:00
DEATH
寿命タイマー60分、スタ〜ト♪

30分後……
寿命のこり、あと30分です♪
30:00
DEATH
ギャー!! 誰かが刺されてるー!
ダレカ…タスケテ…
ズル…ズル…
て、言うかこいつ……
亡くなった姉さんを騙して死に追いやったあの男では!?
WANTED
こいつは死んだ方が良いクソ野郎……!!
だれの仕業か知らニャイが……トドメはオレが刺してやる…!
スッ…
グッ
あばよ!!
グサッ!
ゴフッ……
ありゃ? 一気に残り時間がゼロになっちゃた〜♪
00:00
Beep Beep

「アレなければコレなし」に「+α」がなければダメ！

因果関係 その2（相当因果関係）

前回に引き続き、実行行為と法益侵害結果を結ぶ矢印の役割を果たす「因果関係」について、さらに検討を深めます。

前回の『運命的な殺人者事件』では、因果関係の判断の第一ハードルは「条件関係」だと説明しました。「アレなければコレなし」の関係性のことですね。

アレなければコレなしと言えれば、条件関係を肯定。アレなくてもコレありと言える場合は、条件関係を否定。そんなシンプルなルールでした。

その先に設置されている第二ハードルが何であるのかを明らかにする前に、今回の『余命30分事件』についても、条件関係が認められるかを検討してみましょう。

実行行為者が2匹登場していますが、先に刺したのが兄ネコ、後に刺したのが弟ネコだったとします。兄弟ネコによる復讐劇ということですね。

兄弟ネコ共に実行行為は「包丁を背中に突き刺す行為」で、法益侵害結果は「悪党ネコの死亡」です。

本題の条件関係はというと……

「兄ネコが一撃目を加えなければ（アレなければ）、悪党ネコを弟ネコが見つけてとどめを刺すことはなかった（コレなし）」

「弟ネコがとどめを刺さなければ（アレなければ）、悪党ネコの寿命が30分縮まることはなかった（コレなし）」

とそれぞれ言えるので、どちらも条件関係は肯定されます。

さて、第一ハードルである条件関係さえクリアしていれば、常に因果関係を肯定してもいいのでしょうか？　このように質問するということは、どこかに問題があるわけですが……具体的なケースをもとに考えてみましょう。

階段から突き落とされた被害者が、救急車で搬送中に交通事故に巻き込まれて死亡した場合、「階段から突き落とさなければ（アレなければ）、被害者は救急車に乗らず命も助かった（コレなし）」と言えるので、突き落としと死亡結果との間に条件関係は認められます。

しかし、怪我を負った被害者が救急車で搬送されることまでは予測できても、搬送中に交通事故に巻き込まれて死亡するというのは、さすがに想定の範囲外の出来事でしょう。

このケースで因果関係を肯定すると、傷害致死罪（法定刑は3年以上20年以下の有期懲役刑）が成立する可能性があります。予測困難な「死」の責任まで負わせるのは妥当な結論と言えるでしょうか。

条件関係を因果関係の第一ハードルに設定する最大のメリットは、取りこぼしを防ぐことにあります。裏を返せば、ハードルが低すぎて、搬送中の交通事故のような不測の事態まで、行為者に責任を負わせかねないのがデメリットとも言えます。

「危険の現実化」という考え方

そこで、因果関係を肯定するには、**条件関係＋α《アルファ》の条件が必要**だとするのが、現在の一般的な見解です。「アレなければコレなし」かつ「＋α」の条件を満たしていれば、因果関係を肯定するという見解ですね。

＋αとしてどんな条件を求めるのかは、さまざまな考え方があります。すべてを挙げていくと、とてつもない分量になってしまうので、ここでは現在の主流の考え方のみを紹介します。

「客観的な事情を総合的に踏まえて、**行為の中に含まれている〝危険〟が結果として現実化した場合**には、因果関係を肯定する」

これが「**危険の現実化**」と呼ばれる主流の考え方なのですが、曖昧な基準のように感じるかもしれません。具体的なイメージを持っていただくために、ここで再び今回の『余命30分事件』を取り上げます。

まず、とどめを刺した弟ネコの行為についてですが、包丁で急所（背中越しに心臓や肺）を刺しており、「急所を先端が尖った刃物で刺す」という高度に危険な行為に及んでいます。

そして、寿命が30分縮まって悪党ネコは死亡しているため、危険が現実化していると評価され、問題なく因果関係を肯定することができるでしょう。

次に、一撃目を加えた兄ネコの場合は、実行行為時には予測困難な弟ネコの暴走によって死期が早まったという事情があるため、慎重に判断する必要があります。

とはいえ、包丁で急所を刺す行為の危険性は弟ネコと同様に高度で、弟ネコが通りかからなくてもいずれ死亡する致命傷を与えています。

これらの事情を総合的に考慮すれば、やはり因果関係は肯定されると思います。

救急搬送中の交通事故も、通りかかった弟ネコの暴走も、同じくらい予測するのが困難な介在事情と言えるでしょう。それなのに、因果関係の判断に差が生じた原因は、**実行行為が潜在的に秘めていた危険の大小**に求めることができます。

階段から突き落とした後に交通事故で死亡した場合、突き落としの危険が現実化したと評価できるか。包丁で急所を刺した後に通行人がとどめを刺した場合、刺突の危険が現実化したと評価できるか……。

そのような検討を、頭を捻《ひね》りながら地道に行っていくことになります。

「アレなければコレなし」という明確な公式が存在していた条件関係に比べて、危険の現実化は「客観的な事情を総合的に踏まえる」という判断方法なので、曖昧さが残ることは否定できません。

条件関係によって最低限のふるいにかけた後の最終調整の役割を担っているのが、危険の現実化を用いた選別であるため、柔軟な判断を可能にするために解釈の余地を残す必要があったのだと思います。

最後に、危険の現実化の理解を深めるための練習問題を載せておきます。

人通りの多い公道で、24時間以内に解毒剤を服用しないと死亡する毒を兄ネコが飲ませた後、偶然通りかかった弟ネコが包丁でめった刺しにして殺害した場合、兄ネコの行為と死亡結果の間に因果関係は認められるでしょうか？

「余命30分事件」とは事情にどのような違いがあるか、2つの事件を見比べながら考えてみると、納得のいく答えを導くことができるはずです。

NYANKO CASE 6

マリオネット殺人事件

そうだ…
彼女を利用させていただこう…
ハッ
先生、注射いかがします？
え〜…コホン……これを……
ハーイ
アフリカ行かれるんですか〜？
まあな……フフフ……
プス
ニャッ!
え!?
ゴ〜ん……
ブクブク
フフフフ…
私はなにもしていニャイ……そして…懸賞金は…いただく……

他人を人形のように操って人に危害を加えちゃダメ!

間接正犯

自分の行動には責任を持ちなさい——。

悪事を働いてしまったときや、誰かを傷つけてしまったときに、家族や先生、友人などから、そんな注意を受けたことはないでしょうか。

刑法においても、その考え方は基本的に当てはまります。

罪刑法定主義でも同様の説明をしましたが、刑罰は、身体を拘束（懲役刑・禁錮刑）したり、財産を没収（罰金・科料）したりと、自由に行使できるはずの権利を国家が強制的に制限する制度です。「諸刃の剣」と紹介しましたね。

必要最小限の行使に留めるために、刑罰を科すことができるのは、行為者が自ら実行行為に及んだ場合に限る。そのような考え方にも、一定の合理性が認められると思います。

自分の行動に対してきちんと責任を果たすのは、もちろん大切なことです。一方、揚げ足をとるようですが、他人の行動に対しては、知らんぷりを決め込み、一切責任を持たなくていいのでしょうか？

今回の事件の場合、毒薬入りの注射を打って凶悪犯ネコの命を奪ったのはナースネコです。ですが、ナースネコは注射の中身が予防接種のワクチンだと信じているので、少なくとも殺人の故意は認められません。また、そのような勘違いをしたことに落ち度がなかったと判断されれば、その他の犯罪（業務上過失致死等）も成立しません。

毒薬を予防接種と偽ってナースネコに渡したドクターネコも、「自らの手を汚していない」ので責任を問えないとすると、ドクターネコの思惑通りに**凶悪犯ネコが死亡しているにもかかわらず、誰も処罰されない**という結論が導かれてしまいます。

ここで考えてほしいのは、世の中で日々発生している犯罪は、本当に「自らの手を汚して」実行されているのかということです。

素手で首を絞める扼殺《やくさつ》は、間違いなく自らの手を汚しています。一方で、包丁を使った刺殺、拳銃を使った射殺、薬品を使った毒殺は、自らの手を汚しているでしょうか？

道具を使って命を奪っても、自分の意思で実行に移している以上は、自らの手を汚した殺人に他ならない――おそらく、そのように考える人が多いはずです。実際、道具を使っただけで罪を逃れられるなら、誰もが完全犯罪を成し遂げられてしまいます。

衝動的に行われることが多そうな扼殺よりも、事前準備が必要で計画性がうかがわれる刺殺・射殺・毒殺の方が、より悪質な殺人であるとすら言えるかもしれません。

道具を使って罪を犯した場合でも、自らの手を汚した犯罪として責任を問うことができる。この考え方は、**道具として利用したのが〝凶器〟ではなく〝他人〟であったとしても、**同じように当てはまるはずです。

つまり、**他人を〝道具〟のように利用して犯罪**を**実現する意思のもと、実際にその人を一方的に利用して法益侵害結果を生じさせた場合**は、正犯《せいはん》としての責任（自ら手を下した場合と同様の責任）を利用者に問うことができる……。

この考え方を、刑法では「**間接正犯**」と呼んでいます。

とても卑怯な犯罪

間接正犯は、マリオネット（操り人形）に喩えられることがあります。人形が舞台上で暴れて観客を傷つけた場合、その責任を問われるべきは人形ではなく、背後で糸を操っていた「人形遣《つか》い」であるはずです。

人形とは違って人間は自分の意思を持っている以上、人形と人間を〝道具〟とひとまとめにするのは無理があると思われるかもしれません。

確かに、他人を道具のように操るのは容易なことではありません。しかし、特定の状況下では、人間であっても〝道具性〟は肯定できると考えられています。

どういった事情があれば、人間を〝道具〟とみなすことができるのでしょうか？

一つめは、**利用された側が犯罪を実行する認識を欠いているケース**です。今回の『マリオネット殺人事件』が、このケースに当たります。

ナースネコは、注射器の中身が予防接種だと信じているため、殺人を犯す認識を欠いています。そしてドクターネコは、殺人を実行するための〝道具〟としてナースネコを利用して、凶悪犯ネコの命を奪っています。

犯罪を実現する意思も、利用された側の〝道具性〟も認められるため、間接正犯が成立することになるでしょう。

二つめは、**行動を自由に選択する余地がないほど、利用された側が精神的に追い詰められていたケース**です。

たとえば、日頃から暴力を振るっている親が、幼い子供に対して万引きを命令した場合などです。自分がしようとしていることが窃盗だと理解していても、歯向かったら暴力を振るわれると考えたら、命令を拒否することは難しいかもしれません。

ただし、このケースで間接正犯が認められたことはほとんどありません。先ほど指摘したとおり、人間は自分の行動を自由に選択できるという大前提があるからです。誰かに命じられたとしても、きっかけの一つにすぎないと判断されることが多いということです。

二つめのケースで間接正犯の成立が認められた事例としては、義父から煙草やドライバーを用いた暴行を加えられていた12歳の少女が、お遍路参りに連れ出され、道中の寺院で何度も賽銭泥棒を命じられた事件が有名です。

性別、年齢、利用者（義父）と被利用者（少女）の関係性、虐待の程度、犯罪を指示されたときの状況……。そういった事情を慎重に吟味していって、命令を拒絶する自由意志が抑圧されていたかを判断する必要があります。

間接正犯が成立しなくても、犯罪を指示した側を共犯として処罰することはできます。間接正犯は、裏で糸を引いた人物だけが罰せられる。共犯は、協力関係にあった双方が罰せられる。そういった違いが、両者の間にはあります。

間接正犯は、とても卑怯な犯罪です。罪に問われないとしても、真相を知ったナースネコは、毒薬に気付かなかったせいで患者の命を奪ってしまったと自分を責めてしまうかもしれません。

自分の行動に責任を持つのは当然のことですが、他人を巻き込んで罪悪感を押し付けるのは卑怯者がすることだという教育も、同じくらい重要ではないでしょうか。

NYANKO CASE 7

穢れなき傍観事件

そ、そ、そ……
それじゃあ……
息子よ すまない……！
安らかに眠ってくれ……！
ニャーメン……
ズコッ！
ズコッ！
って！
お前が助けるんじゃ、ボケェェ！
ニャ〜ッ！
BOOOOOM!
そ、そっか…
ママ〜！ここ、足ついた♪

助ける義務も助ける能力もあるのに見捨てちゃダメ！

不作為犯

前回の『マリオネット殺人事件』では、自分の手を汚していなくても、他人を道具のように利用してターゲットの命を奪った場合には、自ら手を下した場合と同様の責任を問われる可能性があることを説明しました。

今回は、自らの手を汚していないし、他人を巻き込んだわけでもない……。つまり、**正真正銘「何もしていない」場合であっても、罪に問われることがあるのか**を検討していきます。

何もしていないのに罪に問われる。これだけを聞くと、とても恐ろしいことのように感じるかもしれません。ぼーっとしていただけで逮捕されるとしたら、絶望に打ちひしがれることは必定でしょう。

もちろん、罪に問うためには、それ相応の理由を伴わなければなりません。

「何もしていない」という状態は、刑法的にはどのように評価されるのでしょう。

犯罪カタログをざっと眺めていくと、刑法典に定められた犯罪の多くは、「人の身体を傷つけてはいけない（傷害罪）」、「人の物を盗ってはいけない（窃盗罪）」、「人が住んでいる建造物を故意に出火させてはいけない（現住建造物等放火罪）」……といったように、「〜**してはいけない」と特定の〝作為《さくい》〟を禁止しています。**

作為というのは、積極的な行為くらいの意味です。

作為の禁止は、してはいけないことが明確に定められているため、裏を返せば、**禁止されていない行為の自由は保障されていることになります。**

「人の身体を傷つけてはいけない」なら、話し合いで解決しよう。

「人の物を盗ってはいけない」なら、値下げ交渉や物々交換を申し出よう。

こんなふうに、代替案を考えることもできます。「どうとでも解釈できる犯罪カタログはダメ！」という罪刑法定主義のルールその3が守られていれば、禁止されている行為は明確に特定できるはずです。

これに対して今回の『穢《けが》れなき殺人事件』のように、川で溺れている人が目の前にいた場合、道徳的・倫理的には危険を顧みずに飛び込んで助けに行くべきだと思いますが、助けなかった場合に罪に問われるか否かは別の問題です。

溺れている人を助けないというのは、消極的な行為（助けるという作為の不選択）なので〝不作為《ふさくい》〟の一種です。

「溺れている人を助けない」という不作為を禁止すると、「溺れている人は助けなければならない」という特定の作為を強制する結果に繋がります。

「～しない（不作為）」ことを「してはいけない（禁止）」ので、**「～しなければならない（作為の強制）」**となるわけです。論理学の勉強みたいですね。

作為と不作為について簡単に整理しましょう。

作為（積極的な行為）の禁止の場合は、禁止された行為以外の自由は保障されていました。一方、不作為（消極的な行為）の禁止の場合は、特定の作為が強制されるため、行動選択の自由をより強く制限すると考えられています。

このような検討を重ねた結果、**不作為を罰することは基本的に認められない**という結論が導かれます。特定の作為を強制して、それに逆らったら罰まで科されるのは、あまりに理不尽だからです。

作為義務と作為可能性

川で溺れている人や交通事故に巻き込まれた人が目の前にいても、「助けなければならない義務」は誰も負っていないと言い切ってよいのでしょうか？ 川で溺れている子供の親。交通事故を起こした運転手。彼らも、偶然通りかかった通行人と同じように扱うべきでしょうか？

さて、答え合わせです。

不作為について、現在の主要な考え方としては、

①特定の行為に及ぶ義務がその人にあると言えるのか（**作為義務**）

②その行為に及ぶことが本当に可能だったか（**作為可能性**）

の2点を検討した上で、**不作為と作為が同視できるような場合**に限って、不作為を罰するというものです。

今回の『穢れなき殺人事件』に当てはめてみましょう。

●ヤンキーネコの場合

偶然現場を通りかかった第三者なので、①の救護（作為）義務がそもそも存在しません。なぜならば、そのように考えないと、現場を通りかかった通行人全員が犯罪者になりかねないからです。

危険を顧みずに無関係の相手を助けたのであればヒーローですが、助けなかったからといって悪人とは非難できません。

●ママネコの場合

両親は、親権者として未成年の子供を監護する義務を負っています。

◆民法820条
▼親権を行う者は、子の利益のために子の監護及び教育をする権利を有し、義務を負う。

「監護」とは、「監督し、保護すること（デジタル大辞泉）」ですから、自分の子供が目の前で溺れているのであれば、①の救護義務を負っていると考えられます。

親は子供を守る義務を負っているということです。

一方でママネコは、カナヅチで骨折もしています。川に飛び込んだら、子供と一緒に溺れてしまうでしょう。

「法は不可能を強いない」という法諺《ほうげん》（法律のことわざのようなもの）があるのですが、自らの命を危険に晒すことまでを求めるのは酷ですので、②の救護可能性が否定されることになるでしょう。

●パパネコの場合

ママネコと同様に、①の救護義務は認められます。

また、骨折しているような事情もなさそうなので、カナヅチだったり川が氾濫していて流れが速いといった事情がない限り、②の救護可能性も認められる可能性が高いです。

したがって、ちびネコを見捨てた場合は、パパネコのみが罪に問われ得るというのが、今回の結論になります。

NYANKO CASE 8

故意の三段活用事件

その1

その2

その3

「その時はその時だ」と開き直ってやっちゃダメ！
未必の故意

今回は、3つの事件を比較しながら、行為者の主観によって犯罪の成否にどのような影響があるのかを検討していきます。

大量の血を流して絶命している被害者。そして、先端が尖った長い爪から血を滴り落として立ちすくんでいる犯人……。

そのような現場を通りかかったあなたは、何も語らない犯人にどのような罪が成立するのか言い当てることはできるでしょうか（猛ダッシュで逃げて警察に駆け込むべきなのは言うまでもありません）。

思い浮かぶ候補は、いくつかあるかもしれません。殺人、傷害致死、過失致死。それらの罪の違いは、どこにあるのでしょう。

まずは、刑法がどのようなルールを定めているのかを見てみましょう。

◆刑法38条（故意）
▼1　罪を犯す意思がない行為は、罰しない。ただし、法律に特別の規定がある場合は、この限りでない。

シンプルな規定ですが、この中の**「罪を犯す意思」のことを刑法では「故意」と呼んでいます。**さまざまな意味を含んでいる単語ですが、「あえて」や「わざと」と頭の中で変換すると、イメージを持ちやすいと思います。

つまり刑法38条1項の本文（「ただし」より前の部分です）は、**「あえてorわざと罪を犯したのでなければ、その行為は罰しない」**と読み替えることができます。

では、但《ただ》し書《が》き（「ただし」以下）は何を言っているのでしょうか。「～は罰しない。ただし、～場合は、この限りでない」という構造なので、「法律に特別の規定がある場合は、罪を犯す意思がない行為でも罰する」と読み解くことになります。

「罪を犯す意思」は「あえて」や「わざと」と変換したわけですが、「罪を犯す意思がない行為」は何と変換するべきでしょうか？

「あえて」や「わざと」の対義語なので、「間違って」あるいは「不注意で」と変換できるでしょう。

このように、刑法38条1項本文は**故意犯**（あえてorわざと罪を犯す）、但し書きは**過失犯**（間違ってor不注意で罪を犯す）について定めた規定です。

故意犯でなければ原則として罰しない。ただし、法律に特別の規定がある場合は、過失犯でも罰する。このようなルールを定めたのが刑法38条1項なわけです。

「故意」は、「あえて」や「わざと」、「過失」は、「間違って」や「不注意で」。

このような故意と過失の区別は、どのようにして行うべきなのでしょうか。

議論を先に進めるためには、刑法が故意犯と過失犯を区別している理由から考える必要があります。

今回の『故意の三段活用事件』は、刃物（先端が尖った爪）を突き刺し（実行行為）、それによって（因果関係）、相手が死亡（結果）したという客観面は共通しています。3つの事件で異なるのは、**行為者の主観（内心）**です。

刑罰が「権利を制限することで権利を保護する」諸刃の剣の制度であることは、繰り返し説明してきました。そのような重い責任を負わせるためには、客観面だけではなく、行為者の主観にも着目する必要があります。

つまり、**自分が行おうとしている行為が犯罪であることを認識・予見した上で、それでも罪を犯した場合**には、違法行為を断念する余地があったのにあえて踏み切ったわけですから、刑罰という重い責任を負わせることが正当化できるのです。

では、どのような事実を頭の中で思い描いていたら、「自分が行おうとしている行為が犯罪であることを認識・予見していた」と評価できるのでしょうか。

🐾故意と過失との間には

ここでようやく、『故意の三段活用事件』を一つずつ見ていきます。

①親の仇ズザーッ事件

「親の仇」ネコは、ターゲットに復讐を果たすために砥石《といし》で爪を研いで背後から忍び寄り、命を奪っています。**自身の行為によって死亡結果が起こり得ることを認識した上で、かつその結果を認容している（積極的に受け入れている）**と評価できます。

したがって、彼女には、殺人の故意が問題なく認められます。

②おやつの恨みザシュー事件

「食い物の恨み」ネコは、おやつを盗み食いしたルームメイトに腹を立てて復讐を決意しています。行動に移す前に爪が刃物のように伸びていることに気付いていますが、「その時はその時だ」と開き直って、結果的にルームメイトの命を奪っています。

①の「親の仇」ネコとの違いは、死亡結果を〈積極的に〉受け入れているわけではないという点です。ただし、「その時はその時だ」の意図が、「（このくらい長い爪で襲いかかったら命を奪ってしまうかもしれないけれど）その時はその時だ」と読み解ける場合には、死亡結果を〈消極的に〉受け入れていたことになります。

このように、**死亡結果を積極的に受け入れていなくても、そのような結果が生じる可能性を認識している場合**には、踏み止まるきっかけは与えられていたわけなので、故意犯の責任を負わせることができると考えられています。

この犯罪事実の実現可能性を認識しているに留まる（消極的に受け入れている）故意のことを、**「未必《みひつ》の故意」**と呼んでいます。

実際の事件では、①のような確定的な故意が認められるケースよりも、②の未必の故意が認められるケースの方が多いと言われています。

たとえば、渋谷のスクランブル交差点に面しているビルの屋上からスーツケースを放り投げた者は、「歩行者にぶつけて命を奪ってやろう」という確定的な故意までは有していなくても、「歩行者にぶつかったら命を奪ってしまうかもしれないけれど、その時はその時だ」という未必の故意は有しているはずです。

③おっとっとジャシーッ事件

「爪きり忘れ」ネコは、通行人に襲いかかるつもりはなく、当然死亡結果も認識していません。したがって、①や②とは違って、踏み止まるきっかけすら与えられていなかったわけですから、故意犯の責任を負わせることはできません。

この場合は、**不注意による過失犯**が成立し得るに留まります。

以上が故意犯と過失犯の区別に関する説明になります。

行為者の主観を正確に読み取ることなんて本当にできるのかと、疑問に思った方もいるかもしれません。今回は、行為者の主観が確定しているものとして説明しましたが、実際の事件では、黙秘を貫いたり罪をまぬがれるために嘘をついたりすることも充分考えられます。

この解説を執筆している時点の技術では、内心を正確に読み取る機械や装置は発明されていません。司法の現場ではどうやって行為者の内心を認定しているのかというと、客観的な事実を積み重ねて主観を推認するという方法が主に用いられています。

殺意を例にとると、凶器の種類や形状、急所を狙っているか、犯行前後の行動、被害者との間に確執や因縁があったか……といった事情を一つずつ積み重ねていって、被害者の命を奪うことを認識・予見していたかを認定していきます。

その判断において行為者の主張を参考にすることはありますが、嘘に惑わされないためには、やはり**客観的な証拠が重要である**と考えられています。

NYANKO CASE 9

転ばぬ先の激突事件

♪青になったァ~
♪青は「すすめ」ゴーゴー進行!!
あか!!
あお!!
GO!
2525
ザザッ…
あかだヨ~!
まてまて~♪
え?!
あぶニャい!!
ドン
ピーポー…
ピーポー…

「うっかり」であっても、危険を予見できて回避できる可能性があったらダメ！
過失（信頼の原則）

前回の事件に引き続いて、刑法38条1項を分析していきましょう。

◆刑法38条
▼1　罪を犯す意思がない行為は、罰しない。ただし、法律に特別の規定がある場合は、この限りでない。

前回は本文の故意犯について詳しく見てきましたが、今回の主役は、但し書きの過失犯です。刑法38条1項但し書きは、「法律に特別の規定がある場合は、間違って or 不注意で罪を犯した行為でも罰する」と読み替えることができると説明しました。

不注意による失敗をどのように罰するのかは、非常に難しい問題です。

寝坊して学校や職場に遅刻するのも不注意による失敗ですが、それだけで停学や解雇になることは少ないでしょう。一方で、遅刻しそうだったので焦って自転車に乗っていたら、歩行者に追突して怪我を負わせてしまった場合はどうでしょう。

このように、不注意による失敗にもさまざまな態様が考えられるわけですが、刑法38条1項後段は、「どのような不注意による失敗を罰するのかは、法律に特別な規定があるかで決める」と定めています。

具体的には、失火罪（不注意により火災を起こす）、過失傷害（不注意により人に怪我を負わせる）、過失往来危険（不注意により電車や船舶の通行に危険を生じさせる）といったように、さまざまな過失犯が犯罪カタログには掲載されています。

その中でも、不注意による犯罪と聞いて最初に思い浮かぶのは、交通事故ではないでしょうか。過失運転致死傷は、年間で40万人近い検挙数を記録しているそうです。

過失運転致死傷の法定刑は、「7年以下の懲役若しくは禁錮又は100万円以下の罰金」です（自動車運転処罰法5条）。この規定があるからこそ、刑法38条1項後段によって、不注意による交通事故は罰することが認められるわけです。

交通事故にもさまざまな態様があります。信号無視、飲酒運転、速度超過、歩行者の飛び出し、対向車両の暴走……。過失運転致死傷によって罰せられるのは、「不注意によって」起きた交通事故に限られます。

それでは、どのような場合に、不注意＝過失があったと認められるのでしょうか？

まず、結果の発生を予見できたのか（**結果予見可能性**）が重要な要素となることは争いがありません。

夜道で周囲をきちんと確認せずに、歩行者を轢《ひ》いてしまった場合、「見通しが悪い夜道で歩行者の視認が遅れることは予見できる」ので、過失を肯定する方向に傾きます。

もっとも、結果予見可能性だけで過失を肯定すると、自動車の運転と交通事故は切っても切れない関係にあるため、歩行者に重大な過失（信号無視の飛び出しなど）がある場合でも、過失が肯定されかねません。

そこで、結果予見可能性に加えて、実際に結果を回避することが可能だったか（**結果回避可能性**）も、過失が認められるための要件と考えられています。

交通事故が起きないよう注意を払って運転していたと認められれば、結果回避義務違反が否定される余地があるということです。

🐾「信頼の原則」の難しさ

今回の交通事故でおじさんネコは、信号機が設置された交差点で、信号が青になったことを確認して車を発進させたところ、赤信号で飛び出してきたちびネコを轢いてしまっています。

まず、交差点は歩行者が通るために設置されているわけですから、「交差点を歩行者が渡ることは予見できる」ので、結果予見可能性は認められるでしょう。

一方で、結果回避可能性は認められるでしょうか。おじさんネコは、安全運転を心がけて一時停止や信号機にも従っています。

今回の事故は、歩行者であるちびネコが交通ルールを破った（赤信号無視）ことによって生じています。運転手としては、歩行者が交通ルールを守ってくれると信頼しているはずで、歩行者が赤信号を無視する可能性まで考慮することを求めるのは少し酷でしょう。

このように、**他者が適切な行動を行うことを信頼していて、かつそのように信頼することが適切である場合**には、他者の予想外の不適切な行動によって生じた結果については責任を負わなくてもいいという考え方を「**信頼の原則**」と呼んでいます。

実際、歩道に立っていたのが大人である場合には、きちんと信号を守ると信頼するでしょうし、それを非難することもできないと思います。

一方で、今回の事故で難しいのは、歩道に立っていたのが子供であるという点です。

小学生くらいであれば、交通ルールをぼんやりとは知っているはずですが、何かに注意を奪われれば飛び出してくることもあるかもしれません。そのような歩行者が歩道に立っていた場合、赤信号なら飛び出してこないだろうと信頼するのが本当に適切と言えるのかが問題になるわけです。

今回の事故で実際に過失が肯定されるかは、被害者の年齢や事故が起きたときの状況などを慎重に吟味しながら結論を導かなければなりません。

前回と今回で、故意犯と過失犯について基本的な考え方を説明しました。

故意犯である傷害致死罪の法定刑は「3年以上20年以下の有期懲役」であるのに対し、過失犯である過失致死罪の法定刑は「50万円以下の罰金」です。

これは、死亡結果を生じさせたという客観面は共通していても、行為者の主観次第で法定刑が大きく異なることを意味しています。

このような法定刑の差や、「不注意」という響きから、過失犯はあまり重要な犯罪類型ではないと考える方もいるかもしれません。

ですが、不注意によって引き起こされた事故であるからこそ、故意犯よりも大きな被害を生じさせてしまう悲劇はいくつも起きています。

失火によって起きた火災、船舶の転覆や航空機の墜落、発電所での事故。

被害者の数も、社会に与える影響も、過失犯だから軽いと言い切れないことは、これらの例を挙げただけでも伝わると思います。

不注意による悲劇を未然に防ぐためにも、重大な事故に関してはきちんと処罰して、一人一人の注意を促すことには重大な意味があるのです。

NYANKO CASE 10

百年目の返り討ち事件

みっけた…あいつ！
ここで会ったが百年目……！
貴様ァ〜！！
オレの怒りの拳受けてみろニャア〜
急なパンチをくらった？さん、さらに2発目がくるぞ！▶どうする？

ケース①
相手はうわて編
もう一発ぅ!!
ブンッ!
ヒョイ
こんな時のために仕込んでたのサ…
おっと〜！
フフフフ…
ゴンッ!
喰らえ！オレの鋼鉄寝虎《ネコ》邪羅死《ジャラシ》ィ!!
ゴフッ

ケース②
相手はハムスター編
もう一発ぅ!!
ブンッ!
おっと!
2発目は喰らわないぜ！むしろ……
ザッ
喰らえ!! 爬無魔輪死《はむまわし》 苦龍魔《ぐるま》！
ギャッ!
ゴフッ
ゴロンゴロン‥

正当防衛であってもやりすぎたらダメ！
正当防衛 その1（過剰防衛）

包丁で胸を刺された被害者が死亡して、犯人が警察署に出頭したとしましょう。

包丁で急所を刺す行為（実行行為）と死亡結果（法益侵害結果）が因果の矢印で結ばれて（因果関係）、行為者がその結果を認容している場合（故意）には、殺人罪の犯罪カタログに該当することになります。

実行行為・法益侵害結果・因果関係・故意については、これまでの事件の中で一通りの説明を加えました。それらの知識を総動員すれば、犯罪カタログに該当しているのかの判断は基本的に行えるはずです（例外はありますが……）。

犯罪カタログに該当している以上、その行為は基本的に〝悪い〟行為であると推定されるため、行為者に責任を問うことができるのが原則です。

原則と書いたことで予想できた方もいるかもしれませんが、**犯罪カタログに該当しても、例外的に〝悪いとはいえない〟行為も存在します。**

専門用語を用いて説明すると、これまでに扱ってきた犯罪カタログに該当するか否かの判断を「**構成要件該当性**」と呼び、今回以降の事件で扱う〝悪い〟〝悪いとはいえない〟の振り分けを「**違法性の有無**」と呼びます。

最初の事件で、違法とは「法律・規定などにそむくこと。また、その行為」であると説明しましたが、刑法における「違法性」は上記のような意味合いで用いられています。

繰り返しになりますが、犯罪カタログに該当している以上、基本的にその行為は〝悪い〟行為です。ですが、例外的に〝悪いとはいえない〟行為（〝善い〟行為ではありません）に出くわすことがあり、その代表例が「**正当防衛**」です。

正当防衛という単語に聞き覚えがある人は少なくないのではないでしょうか。

正確な説明ではない（後に補足します）のですが、他者の攻撃から自分の身を守る場面を想像してみてください。

警察や裁判所といった紛争解決を担う機関が存在するため、トラブルに巻き込まれた場合も、実力行使で権利を回復することは原則として許されません（**自力救済の禁止**）。

もっとも、夜道で突然暴漢に襲いかかられたような緊急事態においては、警察に助けを求めることも期待できないため、例外的に実力行使が許される場合があります。

正当防衛について、まずは刑法の規定を確認しましょう。

◆刑法36条
▼1　急迫不正の侵害に対して、自己又は他人の権利を防衛するため、やむを得ずにした行為は、罰しない。
▼2　防衛の程度を超えた行為は、情状により、その刑を減軽し、又は免除することができる。

先ほど、「他者の攻撃から自分の身を守る場面」という正当防衛の説明は正確ではないと付言しましたが、その理由がこの条文に書かれています。1項に「自己又は他人の権利を防衛するため」と書かれているとおり、正当防衛は「他人の権利」を防衛する場合にも成立し得るのです。

さて、刑法36条1項には、**「急迫《きゅうはく》不正の侵害」**、**「自己又は他人の権利を防衛するため」**、**「やむを得ずにした行為」**とさまざまな要件が定められています。

細かな論点が多くあるのですが、基本的には文言通りに解釈すれば、妥当な結論が導けるはずです。

さっそく今回の2つの事件に当てはめてみましょう。

反撃も公平に？——武器対等の原則

リーマンネコもリーマンハムスターも、突然チンピラネコに襲いかかられているので、「急迫不正の侵害」といえます。また、侵害行為に対して反撃を加えているわけなので、「自己の権利を防衛するため」ともいえるでしょう（「急迫不正の侵害」と「自己又は他人の権利を防衛するため」の要件をあっさり認定しましたが、この2つについては次回以降の事件で詳しく検討します）。

今回の2つの事件で問題となるのは、「やむを得ずにした行為」といえるか否かです。

正当防衛が自力救済の禁止の例外であることからすれば、「やられたらやり返す、倍返しだ」はさすがに許されません。やりすぎはダメということですね。

したがって、**侵害行為の程度に応じた相当な反撃行為**のみが、「やむを得ずにした行為」として許容されます。

それでは、相手が素手で襲いかかってきた場合は、常に素手で応戦しなければならない（**武器対等の原則**）のでしょうか？

プロボクサーに襲いかかられたら、武器を使わない限りまともに立ち向かえない人が大多数を占めるはずです。

つまり、拳vs.拳が常に公平だとは言い切れません。

まず、侵害者も反撃者も、同じような体格・年齢・性別の場合には、基本的に武器対等の原則が適用されます。一方、ネコvs.ハムスターのように、明らかに力量差がある場合は、弱者が武器を使用することも一定の範囲で許容されるでしょう。

今回の事件に当てはめると、対等な力関係なのに武器を使って反撃したリーマンネコに正当防衛は認められないでしょう。一方、力量差を埋めるために回し車を使ったリーマンハムスターには、**正当防衛が認められる可能性**があります。

とはいえ、リーマンネコにしても、急に襲われてパニックになり、必要以上の反撃行為に及んでしまうのは致し方ない部分があります（日常的に鋼鉄製の「寝虎邪羅死《ネコジャラシ》」を持ち歩いているのかは別問題として……）。

これまで触れてこなかった刑法36条2項の「防衛の程度を超えた行為は、情状により、その刑を減軽し、又は免除することができる」という規定は、このような「**やりすぎてしまった防衛行為**（**過剰防衛**）」を救済する役割を担っています。

①急迫不正の侵害、②自己又は他人の権利を防衛するため、③やむを得ずにした行為という3つの要件のうち、どれか一つでも欠けた場合は、正当防衛は成立しませんが、欠けたのが③であった場合は、過剰防衛として救済される余地があるということです。

なお、「やむを得ずにした行為」といえるかの判断は、あくまで**反撃の〝手段〟を基準**に行います。

たとえば、対等な力関係の相手に素手で襲われて殴り返した結果、相手が運悪く足を滑らせて地面に頭を打って死亡してしまった場合、〝結果〟を見ると反撃行為は釣り合っていませんが、〝手段〟としては相当であった以上、正当防衛が成立し得ることになります。

NYANKO CASE 11

ドッキリ大惨事事件

「勘違い」の正当防衛はダメ？

正当防衛 その2（誤想防衛）

刑法36条1項から導くことができる正当防衛の要件は、①急迫不正の侵害、②自己又は他人の権利を防衛するため、③やむを得ずにした行為の3つでした。

今回の『ドッキリ大惨事事件』では、①の急迫不正の侵害について詳しくみていきます。

正当防衛が「自力救済の禁止」の例外として認められている以上、反撃が正当化されるためには、警察に助けを求めるといった通常の救済方法では間に合わない……、つまりは、**危険が差し迫った状況**であることが求められます。

まず「**急迫**」とは、法益の侵害が現に存在しているか、又は間近に差し迫っていることをいうと理解されています。殴られる瞬間か、今まさに殴りかかろうとしている相手が目の前にいる状況を想像してみてください。

次に「**不正**」とは、法秩序に反することをいうと理解されています。これがどのような状況を指しているのかを説明するのは難しいのですが、とりあえず〝悪い〟行為と理解してもらえれば大丈夫です。

以上の解釈を踏まえて、今回の『ドッキリ大惨事事件』で急迫不正の侵害が認められるのかを検討していきましょう。

ヤンチャネコの羽仁谷《うにや》君は、気弱ネコの宮尾《みやお》君を驚かせようと思って背後から近づいて大声を出していますが、実際に危害を加えるつもりはありませんでした。

この場合、友人を驚かせることが〝悪い〟行為だと評価するのは難しいでしょう。それに、大声を出すだけでは、身体に危険が差し迫っていると評価することもできません。したがって、「急迫」の要件も、「不正」の要件も欠くため、正当防衛は認められないという結論が導かれます。

確かに、背後から突然声をかけられたらとても驚くと思いますが、羽仁谷君に危害を加える意思がなかった以上、反撃を正当化することはできないのです。

宮尾君の突き飛ばし行為は、傷害罪の犯罪カタログに該当します。そして、正当防衛も成立しないため〝悪い〟行為の推定も覆らず、違法性も認められるでしょう。するど、傷害罪が成立して、「15年以下の懲役又は50万円以下の罰金（刑法２０４条）」の刑罰が科されることになりそうです。

勘違いによる防衛行為は責任が問われない？

毎度恒例、ここで「ちょっと待った！」の一声がかかるわけですが、今回は正当防衛が成立しないという結論自体にいちゃもんを付けるわけではありません。

条文で明確に急迫不正の侵害が要件として求められている以上、さすがにそこから覆すわけにはいかないのです。

ここで考えてほしいのは、先ほどの急迫不正の侵害の認定においては、羽仁谷君が宮尾君に危害を加える意図がなかったことを前提にしていましたが、宮尾君の視点から事件を振り返ったときに、どのような状況が浮かび上がってくるのかです。

宮尾君は、羽仁谷君を通り魔だと勘違いして反撃していますね。本当に通り魔に襲われていたとすると、身体・生命に危険が差し迫っているため、急迫不正の侵害が存在していたと認められるわけです。

先ほど正当防衛の成立を否定したばかりなのに、宮尾君の視点で振り返ると正反対の結論が浮かび上がってきました。

これは、**客観的な事実と行為者の主観の間にズレが生じている**からです。このように説明すると難しく聞こえるかもしれませんが、要するに〝勘違い〟ということです。

客観的な状況としては急迫不正の侵害が存在していなかった以上、宮尾君の突き飛ばしが〝悪い〟行為であったことは否定できません。ですが、すべての〝悪い〟行為に対して刑罰を科すべきかというと、それも少し違うのです。

これまでにも何度か説明してきましたが、**刑罰は基本的に「悪い行為」を「悪い行為だと認識した上で」行った場合に、相応の責任を取らせる制度**です。

宮尾君は羽仁谷君を通り魔だと勘違いしているので、突き飛ばしたのは「悪い行為」ではなく、「自分の身を守るための正当な行為」だと考えています。

そして、一般人の感覚からしても、宮尾君が置かれていた状況（通り魔に関するニュースを見た直後に突然背後から声をかけられた）を総合的に考慮すれば、そのような勘違いをするのも致し方ないと言えるかもしれません。

このような勘違いによる防衛行為のことを、「**誤想防衛**」と刑法では呼んでいます。

そういった致し方ない勘違いと認定された場合は、宮尾君の突き飛ばしは、「悪い行為だけれど責任を取らせるほどのものではない」という判断によって、責任が否定される可能性が出てくるのです。

前回の事件から、違法性に関する説明をしてきましたが、今回は違法性の先で問題となる責任についても軽く触れました。

責任に関しては、後の事件で詳しく触れますので、予習だと思って、ふむふむなるほどと読んでもらえればと思います。

NYANKO CASE 12

勘違いニャイト事件

おケガはありませんか?
う～ん、かっこいい…

よし……ボクもきたえて、つよい騎士《ニャイト》ににゃるぞ…!
まずは筋トレ2kgから…
2

ある夜……
にゃにゃっ!?
ニャーーッ!!
女性が襲われている?!

KICK!!
離れろォ コンニャロォ!!
彼女からァ～
PUNCH!!!!

ヨロ…
あ…… あ、あの……
おじょうさん、おケガはありませんか?
ふ～!一件落着ぅ

ウィーヒック
あたしがのみすぎたから送ってくれてたらけニャンれすぅ～ ヒック……
あ、あの～ヒック こ、この人ら、みんら、ともらちれす～…
え!?
ヤレヤレ
バーロー てやんでえ～
よしよし

「勘違い」かつ「やりすぎ」の正当防衛はさすがにダメ？

正当防衛 その3（誤想過剰防衛）

さて、今回も前回の『ドッキリ大惨事事件』に引き続き、正当防衛の３つの要件のうち、①急迫不正の侵害について検討していきます。

「急迫」とは、法益の侵害が現に存在しているか間近に差し迫っていることを、「不正」とは、法秩序に反することをいうとそれぞれ説明しました。

それではさっそく、今回の『勘違いニャイト事件』で急迫不正の侵害が認められるかを検討していきましょう。

騎士《ニャイト》ネコにボコボコにされたオスネコたちは、酔っ払いネコを介抱していただけで、危害を加えるつもりはまったくありませんでした。介抱は〝悪い〟行為と評価することはできませんし、身体に危険が差し迫っていたわけでもありません。

したがって、「急迫」の要件も、「不正」の要件も欠くため、騎士ネコの行為に**正当防衛は認められない**という結論が導かれます。

ここまでの説明で、勘の良い方は、「ああ、前回と同じように騎士ネコの勘違いについて説明して、悪い行為だけど責任を取らせるほどのものではないって結論に持っていくのね」と思われたかもしれません。

その推測は、半分正解ですが、半分間違っています。まったく同じ結論に辿り着くなら、この解説は紙幅稼ぎとの非難をまぬがれないでしょう。

前回の事件とはどこが異なるのか、もう少しだけお付き合いください。

騎士ネコは、酔っ払いネコがオスネコたちに襲われていると「勘違い」して助けようとしています。具体的には、ホテルに連れ込まれようとしていると考えたとしましょう。

悪い行為か否かは客観的に判断しますが、責任を取らせるべきか否かは、行為者の主観も考慮して判断するのでした。

ホテルに連れ込まれかけていたのであれば、酔っ払いネコの性的自由に危険が差し迫っているため、騎士ネコの主観を前提とすると急迫不正の侵害が認められそうです。

ここで問題となるのは、騎士ネコの主観を前提とした場合に、「やむを得ずにした行為」と言えるのか否かです（刑法36条1項から導ける③の要件でした）。

侵害行為の程度に応じた相当な反撃行為のみが、「やむを得ずにした行為」として許容されると、前々回の『百年目の返り討ち事件』で説明しました。

騎士ネコの主観を前提に、この要件を満たすのかを考えてみましょう。

「勘違い」＋「やりすぎ」の功罪

ホテルに連れ込まれかけていたとしても、その危険を回避する方法としては、大声を上げる、隙をついて逃げ出すといった対抗策がいくつか思い浮かびます。

酔っ払いネコがオスネコたちを突き飛ばしたのであれば、相当な反撃行為と評価することもできると思いますが、筋トレを続けていた騎士ネコが正拳や足蹴りを披露したとなると話は変わってきます。

騎士ネコの主観を前提にしても、正拳や足蹴りは「やりすぎ」な反撃行為として、「やむを得ずにした行為」の要件を満たさない可能性が高いということです。

このような「勘違い」かつ「やりすぎ」な反撃行為を「**誤想過剰防衛**」と呼んでいます。

客観的な状況としては×「急迫不正の侵害」、主観を前提にすると◯「急迫不正の侵害」×「やむを得ずにした行為」のとき、行為者に対しては、どのような責任を問うべきでしょうか？

前々回の『百年目の返り討ち事件』では、正当防衛の要件のうち、欠けていたのが「やむを得ずにした行為」だけであった場合は、「過剰防衛」として刑法36条2項によって救済される余地があると説明しました。

◆刑法36条

▼2　防衛の程度を超えた行為は、情状により、その刑を減軽し、又は免除することができる。

ですが、刑法36条は客観的な状況として正当防衛が成立するかを判断するための規定なので、**誤想過剰防衛の場合に直接適用することはできません。**

とはいえ、「やりすぎ」の防衛行為である過剰防衛と、「勘違い」による防衛行為である誤想防衛は救済される余地があるのに、その2つが組み合わさった誤想過剰防衛は一切救済されないのは収まりが悪いと、多くの刑法学者は考えているようです。

そこで、「勘違い」かつ「やりすぎ」な反撃行為であって、行為者が「やりすぎ」であることを自覚している場合には、刑法36条2項に準じて救済され得るという考え方が、実務においては定着しています。

なぜイレギュラーな救済が認められるのか？

刑法36条2項に「**準じて**」とあっさり書きましたが、これがかなりイレギュラーな対処法であることは付言しておく必要があります。

罪刑法定主義は、犯「罪」や「刑」罰を、あらかじめ「法」律で「定」めることで、禁止された行為以外の自由を保障するための決め事でした。

先ほどの対処法は、条文には直接書いていないけれど、趣旨や考え方が当てはまるから、同じような処理を認めようという法解釈の荒療治です。このような対処法が広く認められると、刑法では禁止されていないと思って行動に移したのに、蓋を開けてみたら逮捕されたという事態を招きかねません。

それではなぜ、誤想過剰防衛ではイレギュラーな対処法が認められているのでしょう。

その理由の一つは、救済される可能性を認めるという点で、**被疑者・被告人にとって有利に働く特例**であるからだと考えています。

罪刑法定主義でも、事後的に刑罰が重くなった場合に遡って適用するのはダメだけれど、軽くなった場合は、遡って適用しても許されるという説明をしました。

このように、条文の解釈の限界を超える対処法はさすがにNGですが、被疑者・被告人にとって有利に働くか不利に働くかも、結論を考える上での重要な要素になるのです。

NYANKO CASE 13

カチコミパーティー事件

カチコミ当日……
オラオラ〜 トラネコ組のヤロー共、オンドリャ〜 タマとったんぞ〜〜〜 ゴラ……
ん?!
バン!
ズカズカズカ….

ズラーッ!!
お客さ〜ン! お待ちしてましたヨォ♥
ウェルカムパーティーのはじまりや!

苦雨露寧孤《クロネコ》組――
パンパンパンパン!!
ダダダダダ….
全・滅――

教訓 カチコミは慎重にネ!!
しごと増やすなヨ…

正当防衛を逆手にとって危害を加えちゃダメ？

正当防衛 その4（防衛の意思）

全4回の長期戦となった正当防衛も、今回の事件で一通りの解説が完了します。最終戦にふさわしいド派手な銃撃戦を準備したので、さっそく検討を始めましょう。

刑法36条1項から導くことができる正当防衛の要件は、①急迫不正の侵害、②自己又は他人の権利を防衛するため、③やむを得ずにした行為の3つでした。
今回の『カチコミパーティー事件』で扱うのは、②自己又は他人の権利を防衛するためと言えるのか否かです。

急迫不正の侵害（①）が認められ、その侵害行為の程度に応じた相当な反撃行為を行った（③）としても、反撃行為が急迫不正の侵害から自身（又は他人）の権利を守る「ため」に行われたものでなければ、正当防衛は成立しないと考えられています。

この②の要件を「**防衛の意思**」と呼んでいるのですが、実行行為と法益侵害結果を矢印で結ぶ因果関係と同じような役割を果たしています。

たとえば、すれ違いざまに肩がぶつかった通行人に苛立ち、思い切り殴りかかったところ、そのコンマ数秒前に相手も腕を振り下ろしていたとしましょう。リーチの差で自分の腕が先に相手の顔にヒットした場合、それによって期せずして相手の侵害行為を防衛した状況ができあがります。

このような偶然起きた防衛行為（**偶然防衛**と呼ばれています）に対しても、防衛の意思を要件としなければ正当防衛が成立し得ることになります。さすがにその結論は常識に反するので、防衛の意思も正当防衛の要件として必要だと考えられているのです。

その一方で、夜道で通り魔に襲われたような状況を思い浮かべてみると、突然の出来事に動揺しているはずで、自分の身を守ろうと冷静沈着に判断を下せるとは限らず、咄嗟《とっさ》に腕を伸ばして反撃する方がむしろ多いかもしれません。

つまり、「防衛の意思」という単語から連想されるような確固たる動機や意図まで求めるのは酷で、もう少し単純な心理状態で足りるというのが、現在の主要な考え方です。

具体的には、「急迫不正の侵害に晒されていることを認識しつつ、その侵害を排除するために加害者に立ち向かおうとする意識」で足りると考えられています。

先ほどの夜道で通り魔に襲われたケースでは、見知らぬ相手が危害を加えようとしてきていることを認識して、立ち向かうために腕を伸ばしたのであれば、防衛の意思は認められます。このようなケースで防衛の意思が否定されることはまずないでしょう。

「攻撃は最大の防御」ではない？

それでは、今回の『カチコミパーティー事件』ではどうでしょうか。

闘羅涅虚《トラネコ》組の虎尾アキラ組長は、苦露寧孤《クロネコ》組が襲撃の計画を立てていることを認識した上で、念入りに準備をして襲撃当日を迎えています。

このとき、闘羅涅虚組は大砲やダイナマイトまで用意して、事務所に踏み込んできた苦露寧孤組と対峙《たいじ》しているので、急迫不正の侵害に晒されていることを認識していると言えるでしょう。

ここで問題となるのは、闘羅涅虚組の組長が、苦露寧孤組の襲撃を予測した上で返り討ちにしようとしている……、つまりは、**相手の侵害に乗じて自ら攻撃を加えている点**です。

そのような場合でも、防衛の意思は認められるのでしょうか？

普段から口論が絶えなかったクラスメイトが殴りかかってきたので突き飛ばした場合、防衛の意思と共に怒りや憎しみの感情を抱くのは自然なことだと言えます。襲ってきたのが見ず知らずの相手でも、そういった負の感情は少なからず抱くでしょう。

したがって、怒りや憎しみの感情は防衛の意思の存在と矛盾するものではなく、逆上して反撃行為に及んでも、それだけで防衛の意思が否定されるわけではありません。

一方、闘羅涅虚組の組長は、そのような怒りや憎しみの感情に留まらず、「積極的に苦露寧孤組に危害を加える意思」をもって当日の襲撃に臨んでいます。

襲撃を口実にして侵害者に対して積極的に攻撃を加えているわけですから、防衛の意思を欠くと言わざるを得ないでしょう。

理不尽な侵害行為を受けて逆上するのは致し方ありませんが、**もっぱら攻撃の意思をもって反撃に及んだ場合**には、さすがに防衛のためとは認めないということです。

①急迫不正の侵害、②自己又は他人の権利を防衛するため、③やむを得ずにした行為。正当防衛の3つの要件について、4つの事件を通じてさまざまな検討を加えてきました。もしかしたら、一連の知識が役に立つ瞬間がいつか訪れるかもしれません。

何も起きず平穏な日々を送れることを祈っていますが、どれだけ徳を積んでも避けられないアクシデントは存在するはずです。

自分の身を守ろうとしたのに、逆に罪に問われてしまった……。

……そういった悲劇に見舞われないよう、正当防衛にはどのようなルールが定められていたのか、夜道を歩きながらときおり考えていただければと思います。そのせいで周囲への注意が疎かになってしまうのは本末転倒ですが……。

飛び込みセーフ事件

待てゴラァ!!
ワレなめとんかゴラ!
殺るかゴラ!
す…すいません〜〜………
ヒイイイイ

ゴラァー
ハァハァ…
WELCOME
どうしよう…このままじゃつかまる……
そうだ!

パリーン!
スイマセーン!おじゃましますーっ!!

ふ〜!!危機一髪……
ん?あ、あら?!
ヒッ、ヒイィィ強盗ゥ〜〜!!命ばかりは、お助けを…
ガクンガクン

自分が助かるために誰かを犠牲にしちゃダメ？

緊急避難 その1

前回で正当防衛についての解説は終了したわけですが、今回の『飛び込みセーフ事件』に目を通しながら、「あれ？　これも正当防衛の問題なんじゃないの？」と疑問に思われた方もいるかもしれません。

正当防衛の成立には、急迫不正の侵害に対し、自己又は他人の権利を防衛するために、やむを得ずに反撃行為に及んだことが求められます。

「反撃」の意味は、「敵の攻撃に対して、防御にとどまらずに攻めかえすこと（デジタル大辞泉）」ですので、反撃行為は侵害者に対して向けられなければなりません（相手が侵害者だからこそ「反撃」と呼べるわけなので、一種のトートロジーですが）。

正当防衛が、**「不正vs.正」**の関係にあると表現されるのは、このような「侵害者vs.反撃者」の構図が固定化されているからです。なお、ここでいう「正」とは、「不正ではない」くらいの意味合いで用いています。

今回の『飛び込みセーフ事件』で、殴りかかろうとしてきたサングラ犬に散歩ネコが反撃した場合は、「侵害者vs.反撃者」の構図なので、正当防衛の問題になります。

ですが散歩ネコは、サングラ犬に反撃するのではなく、逃走中に見つけた家の窓ガラスを割って飛び込んでいます。

このとき、窓ガラスを割られた家の住人は、散歩ネコに対して何も危害を加えていないわけですから、「不正vs.正」ではなく、**「正vs.正」**の関係となっています。

散歩ネコと住人ネコの関係性……、つまり「正vs.正」の関係のことを**「緊急避難」**と呼んでいます。

正当防衛は、侵害者にとって、ある意味では自業自得な側面があると言えます。侵害者がちょっかいを出さなければ、痛い目を見ることもなかったからです。

一方、緊急避難は、何も悪いことをしていないにもかかわらず、第三者間のトラブルに巻き込まれたわけで、被害者から見ればとばっちりでしかありません。

このような、**「自業自得」と「とばっちり」という違い**があることによって、正当防衛と緊急避難では、成立が認められるための要件にも差異が生じています。

まずは、例のごとく条文から確認しましょう。

◆刑法37条

▼1　自己又は他人の生命、身体、自由又は財産に対する現在の危難を避けるため、やむを得ずにした行為は、これによって生じた害が避けようとした害の程度を超えなかった場合に限り、罰しない。ただし、その程度を超えた行為は、情状により、その刑を減軽し、又は免除することができる。

▼2　前項の規定は、業務上特別の義務がある者には、適用しない。

刑法37条1項に、緊急避難が成立するための要件が4つ定められています。

①自己又は他人の生命、身体、自由又は財産に対する現在の危難（現在の危難）
②現在の危難を避けるため（避難の意思）
③やむを得ずにした行為（避難行為の相当性Ⅰ〔補充の原則〕）

④これによって生じた害が避けようとした害の程度を超えなかった場合に限り（避難行為の相当性Ⅱ〔法益権衡の原則〕）

避難行為の相当性が厳しく要求される

たくさん要件があると身構えてしまうかもしれませんが、正当防衛の要件と重なる部分が多くあります。

①は急迫不正の侵害、②は防衛の意思、③と④は防衛行為の相当性と密接に関わっており、むしろどこが違うのだろうという視点を持つことによって、理解を深めることができるはずです。

①現在の危難

正当防衛との違いは、**危難が「不正」であることまでは求められない**という点です。地震や大雨といった自然現象だったり、野生の動物に襲われたという状況でも、緊急避難は成立し得るのです。

正当防衛とは違って、「不正vs.正」の構図にこだわる必要がないため、自然現象や動物の行動まで含めることができます。

②避難の意思

正当防衛における「防衛の意思」と同じ内容と理解していただいて構いません。

「急迫不正の侵害に晒されていることを認識しつつ、その侵害を排除するために加害者に立ち向かおうとする意識」が防衛の意思だったので、「現在の危難に晒されていることを認識しつつ、その危難を回避しようとする意識」と理解すれば充分です。

③④避難行為の相当性

先ほど説明した通り、緊急避難において避難行為を向けられた被害者は、何も悪いことをしていないのに、第三者間のトラブルに巻き込まれています。

自業自得な側面がある正当防衛においては、「侵害行為の程度に応じた相当な反撃行為」と評価できれば防衛行為の相当性が認められましたが、とばっちりの緊急避難においては、**避難行為の相当性が厳しく要求されます。**

補充の原則（③）

緊急避難においては、「危難を避けるためには、**選択した避難行為を行う以外に方法がない**」ことまで求められると考えられています。

「相当な」反撃行為というある程度の幅が認められていた正当防衛とは、大きな違いがあると言えます。

法益権衡《けんこう》の原則④

法益権衡という難しい言葉が出てきましたが、「法的に保護されるべき利益のバランス」と言い換えることができます。

具体的には、㋐価値の大きい法益を救うために価値の小さい法益を侵害したり、㋑同価値の法益を救うために他方の法益を侵害することは許容されますが、㋒**価値の小さい法益を救うために価値の大きい法益を侵害することは認められません。**

暴漢から逃げるために（保護法益は身体）、第三者の自転車に乗って逃走する（保護法益は財産）のは㋐（身体＞財産）。目の前で乗り逃げされた自転車を取り返すために、第三者の自転車に乗って追いかける（保護法益は共に財産）のは㋑（財産＝財産）。目の前で乗り逃げされた自転車を取り返すために（保護法益は財産）、通行人を突き飛ばして怪我を負わせる（保護法益は身体）のは㋒（財産＞身体）。

このような比較衡量を行った上で、バランスが取れていること（価値の大きい法益の方に傾く分には構わない）を求めるわけです。

今回の『飛び込みセーフ事件』に各要件を当てはめてみると、①と②は問題なく認められるでしょう。

また、サングラ犬に追いつかれる寸前であったのであれば、民家に逃げ込む以外に方法がなかったと認められそうですし（③）、身体を守るために窓ガラスを破壊したに留まるので、身体∨財産と法益のバランスも取れています（④）。

したがって、緊急避難が成立する可能性は高いと思われます。

さて、緊急避難の要件を一気に説明しましたが、正当防衛と比べると聞き慣れない論点だと思うので、具体的なイメージが持てないかもしれません。

次回の事件でも緊急避難を扱うので、そこで描かれる避難行為が４つの要件を満たすかを考えながら、目を通していただければと思います。

NYANKO CASE 15
カルネアデスのボート事件

ギャ〜!! 舟底に穴!?
ゴボッ…
池の氷が、割れ始めてる…!?
このままじゃ、極寒の池に沈むぅ〜!!
ズブズブ
ヤバい…!
…でも、一人分の重さなら、助か…る?
ズゴゴゴ…
ビキ…
あ!
見て!! あそこにUFOが!!
なん?! なに?!
ビクッ!
ドン!
ゴメン・ネ、私のために死んで…!
ニャー…ッ!!
ドボン

自分が助かるためでも、やりすぎたらダメ？

緊急避難 その2（過剰避難）

「カルネアデスの板」という思考実験をご存じでしょうか？

紀元前のギリシャの哲学者カルネアデスが弟子たちに提示した思考実験と言われており、その内容は以下のようなものでした。

「大海原を航海していた船が難破して、人々が海に投げ出された。海面にはたった一枚の板しか浮かんでいない。大勢が掴まろうとしたが、その板は1人の身体しか支えられなかった。このとき、人々はどのような行動をとるべきか」

海面に浮かんでいるだけでも体力を消耗するため、いつ来るかもわからない助けを待つためには、是が非でも板で身体を支えたいところでしょう。ですが、大勢が掴まれば、板は沈んでしまいます……。

極限状態ですので、話し合いによって解決できる状況でもないと思います。おそらく、自らが助かるための最善は板を独占することです。ですがそれは、大勢の命を犠牲にすることを意味しています。

倫理的な議論はさておき、そのような状況下で生き残った人が救助されたとき、**板を独占した行為は罪に問われるべきでしょうか？**

カルネアデスがどのような問題意識を持っていたのかは推測するしかありませんが、刑法上はまさに緊急避難が問題となる領域です。

ここでもう一度、緊急避難の要件を確認しておきましょう。

①自己又は他人の生命、身体、自由又は財産に対する現在の危難（現在の危難）
②現在の危難を避けるため（避難の意思）
③やむを得ずにした行為（避難行為の相当性Ⅰ〔補充の原則〕）
④これによって生じた害が避けようとした害の程度を超えなかった場合に限り（避難行為の相当性Ⅱ〔法益権衡の原則〕）

①と②は問題なく認められますし、身体を支えるには一枚の板（定員1名）にしがみつくしかない状況で（③）、命を守るために他者の命を犠牲にしたわけなので（自身の命＝他者の命）、④のバランスも取れているでしょう。

このように、「カルネアデスの板」においては、板を独占したとしても、緊急避難が成立する可能性が高いと言えそうです。ですがこれは、定員1名の命綱を奪い合った場合に、常に緊急避難が成立することを意味するわけではありません。

今回の『カルネアデスのボート事件』を検討しながら、極限状態における緊急事態の成否を考えてみましょう。

「私のために死んで……ネ？」

彼氏ネコと彼女ネコは、凍った池に放置されていたボートに乗り込んだわけですが、2匹の愛の熱気ゆえかあるいは重さに耐えきれなかったのか（後者でしょう）、舟底に穴が開き、池の氷の亀裂から水が浸入してきました。

このままだと極寒の池に2匹揃って沈んでしまいますが、1匹の重さなら沈没をまぬがれることができそうです。このとき、**隙をついて彼氏ネコを池に突き落とした彼女ネコの行為に、緊急避難は成立するでしょうか？**

「カルネアデスの板」と状況はよく似ています。実際、現在の危難（①）と避難の意思（②）、法益権衡の原則（④）は、同様に認められるでしょう。

ここで問題となるのは、凍った池への突き落としが、やむを得ずにした行為（③）と言えるのか否かです。

緊急避難においては、「危難を避けるためには、選択した避難行為を行う以外に方法がない」ことまで求められると、前回の事件で説明しました。

「カルネアデスの板」においては、船から大海原に投げ出された状況で生き延びるには救出を待つしかなく、そのためには定員1名の板にしがみつく必要があったので、「他者を引きずり下ろす以外に方法がなかった」と評価することができました。

一方で今回は、岸からそれほど離れていないボートの上での出来事ですし、底からの浸水も始まったばかりで転覆までは時間的な余裕がありそうです。大声で助けを呼べば岸にいる誰かが気付くかもしれませんし、割れずに残っている氷を辿ったり、覚悟を決めて池を泳いで岸まで戻ったりする方法も考えられます。

つまり、助かる可能性がある方法はいくつも残っており、それらを試さずに彼氏ネコを極寒の池に突き落とした行為は、「選択した避難行為を行う以外に方法がない」状況にあったと評価することは難しいでしょう。

このように、緊急避難においては、避難行為の相当性（③と④）が厳しく要求されます。

法益権衡の原則（④）についても、たとえば暴漢に襲われて逃走中に通行人を突き飛ばした場合、通行人が怪我をしただけならば法益のバランスは取れていますが、転倒した通行人が後頭部を地面に強打して死亡したら、緊急避難の成立が否定される可能性が出てきます。

緊急避難と正当防衛では、避難行為（防衛行為）の相当性の判断に用いられるハードルが大きく異なります。現在の危難（①）や避難の意思（②）は、避難者視点で判断できる要件ですが、避難行為の相当性（③と④）は、とばっちりを受けた被害者の救済にも関わってくるため、より厳格に判断しなければならないのです。

避難行為の相当性（③か④）の要件を欠いた場合は、**過剰避難**の問題となります（刑法37条1項但し書き）。

正当防衛における過剰防衛と同様に、「その程度を超えた行為は、情状により、その刑を減軽し、又は免除することができる」とされており、「やりすぎてしまった避難行為（過剰避難）」を救済する役割を担っています。

過剰避難だけではなく、**誤想避難**や**誤想過剰避難**も論点として存在するのですが、正当防衛における誤想防衛・誤想過剰防衛の説明とほとんど同様なので割愛します。

（誤想防衛？　誤想過剰防衛？）とクエスチョンマークが頭に浮かんだ方は、『ドッキリ大惨事事件』や『勘違いニャイト事件』を振り返ってみてください。

NYANKO CASE 16

心中詐欺にご用心事件

FOREVER…
そうネ…きっと天国で一緒になれるよネ…
もちろんだよ、ミーコ…♡♡♡

グイッ
…ニャタロウさん…あいしてる……♥
ミーコ…おれもだ…
……
ゴクン

……
……よし
バタン…

…あ〜もしもし妻が〜急死しちゃったんですが(泣)
保険金の手続きおねがいしま〜ス
え?!

被害者が同意していても、ダマしていたらダメ！

被害者の承諾

友達の家に遊びに行き、帰り際に「この服、サイズが合わなかったからあげるよ」と差し出されたTシャツを持ち帰ったとします。

この行為に窃盗罪は成立するでしょうか？

もちろん答えはNOです。これで窃盗罪が成立したら、お下がりで物を受け取ることは不可能になってしまいます。

窃盗罪における「窃取」とは、「**占有者の意思に反する占有の移転**」と理解されています。元の持ち主が持ち帰っていいよと言っている以上、意思に反しない……、つまりは「窃取」に当たらないため、窃盗罪は成立しません。

では次に、あなたが大切にしていた一眼レフを地面に落として壊してしまった友人が、「絶対に弁償する。とりあえず一発殴ってくれ」と頬を差し出してきたので、思い切り殴り飛ばしたとしましょう。

この行為に傷害罪は成立するでしょうか？

傷害罪における「傷害」とは、「**人の生理的機能を害すること**」と理解されています。窃取とは違って、「意思に反する」という条件が付されていません。

ですので、殴り飛ばす暴行によって友人が怪我を負ったのであれば、「傷害」と評価され、傷害罪の犯罪カタログに該当することになります。

とはいえ、殴れと言われたから殴ったのに、それで罪に問われるのは不憫な気もします。弁償すると言っている以上、殴らずに赦《ゆる》すのが優しさなのかもしれませんが、罪に問う必要があるのかは別問題でしょう。

犯罪カタログに該当する行為は、基本的に〝悪い〟行為であると推定されます。ですが、被害者の同意を得て殴り飛ばした行為は、例外的に〝悪いとはいえない〟行為と評価する余地がありそうですね。

このように、被害者の同意に基づいて行った行為が犯罪カタログに該当した場合は、違法性の判断において、〝悪い〟か〝悪いとはいえない〟かの振り分けを行うことになります。

もう一つの類型として、**被害者の同意があることを前提にした犯罪カタログ**も、一部の行為については準備されています。

殺人罪（刑法199条）と同意殺人罪（刑法202条）の規定をまず見てみましょう。

◆刑法199条（殺人）
▼人を殺した者は、死刑又は無期若しくは5年以上の懲役に処する。

◆刑法202条（自殺関与及び同意殺人）
▼人を教唆し若しくは幇助して自殺させ、又は人をその嘱託を受け若しくはその承諾を得て殺した者は、6月以上7年以下の懲役又は禁錮に処する。

同意を得ずに命を奪う殺人罪は、「死刑又は無期若しくは5年以上の懲役」。同意殺人罪は、「6月以上7年以下の懲役又は禁錮」と、法定刑にかなりの開きがあります。

傷害とは違って、失われた命は絶対に取り返せないという点で、殺人は究極的な法益侵害行為です。その一方で、自ら死を選ぶ自殺は、日本の刑法においては犯罪とされていません。同意殺人は、殺人と自殺の中間に位置するような行為ということもあって、このような特別な犯罪カタログが定められているのでしょう。

以上をまとめると、次のように整理できます。

被害者の同意に基づいて法益侵害行為に及んだ場合は、まず該当しそうな犯罪カタログが、被害者の同意がないことを要件の一つとしているのかを確認します（窃盗類型）。

要件とされていなかった場合は、被害者の同意があることを前提にした特別な犯罪カタログが準備されているかを確認します（同意殺人類型）。

最後に、被害者の同意が要件とされておらず、特別な犯罪カタログも準備されていない場合は、被害者の同意によって例外的に〝悪いとはいえない〟行為であると評価できるのかを検討します（傷害類型）。

この分類に従って結論を導いていくことになりますが、注意しなければならないのは、**「被害者の同意」を安易に認定してはいけない**ということです。

同意殺人は成立しない

さて、ここでようやく今回の『心中詐欺にご用心事件』に登場してもらいます。

飲まず食わずの状況が3日も続いたニャタロウとミーコの夫婦ネコ。食べ物にありつける見通しも立たず、ニャタロウが心中を提案すると、ミーコは、渡された毒薬を飲み込んで命を絶ってしまいました……。

先ほどの分類に従って考えると、妻ネコに毒薬を手渡した夫ネコの行為には、自殺関与罪か同意殺人罪が成立することになりそうです。

ですが、夫ネコと一緒に天国に旅立てると信じて毒薬を受け取った妻ネコの同意は、有効なものであると評価できるでしょうか？

被害者の同意は最終的には違法性の判断に帰着して、〝悪い〟か〝悪いとはいえない〟かの振り分けを行うことになると、先ほど説明しました。

どういった「同意」が存在すれば、〝悪いとはいえない〟行為と評価できるのでしょうか。「**被害者の真意に基づく事前の同意**が存在し、その承諾に基づいて行われた行為も**社会**

生活上是認できる相当なものであることが必要」だとするのが、現在の主要な考え方です。

今回の事件では、夫ネコは妻ネコの死亡保険金を手に入れる目的で心中をもちかけており、共に命を絶とうとは考えていませんでした。このような夫ネコの本心に気付き、狂言を見抜いていれば、妻ネコは毒薬を受け取らなかったはずです。

したがって、被害者の「真意に基づく」事前の同意が存在するとは言えないため、**同意殺人は成立しません**。妻ネコの勘違いを利用して毒薬により命を奪っているため、夫ネコには殺人罪が成立する可能性があると言えるでしょう。

一方、飲まず食わずの状況が3日続いた夫ネコは、生命の危険を感じて冷静な判断ができていなかったのかもしれません。自らの命を救うために、妻ネコの命を奪って死亡保険金を受け取ろうとした……。

このように事件を分析すると、前回と前々回で扱った緊急避難の論点も含んでいることになります。妻ネコに毒薬を服用させた夫ネコの行為に、緊急避難は認められるでしょうか。認められないという結論に至った場合、それはどの要件を欠くからでしょうか。

興味のある方は、ぜひ考えてみてください。

NYANKO CASE 17

マネキン殺人事件

…今回のミッションは
就寝中のターゲットの
暗殺…楽勝にゃ…♪

フフフ…いたぞ
ぐっすり眠って
いるようだニャ…
シーーン
ソロリ
ソロリ…

…覚悟…!!
そのまま
永遠の眠りに
つくんだニャ…
スチャッ
パッ
パッ

※消音器を
使用して
おります。

どりゃあ!! トドメが必要か?!
バッ!

にゃ?! マネキン?! ぬいぐるみ?!

!
バタン!
…クックック…… だまされおって…
… TO BE CONTINUED …

犯人の意図と犯行の結果がズレたら、犯行の結果で裁いちゃダメ？

事実の錯誤

さっそく今回の『マネキン殺人事件』を検討していきましょう。

『ドッキリ大惨事事件』（誤想防衛）や『勘違いニャイト事件』（誤想過剰防衛）と同じように、今回の事件でも**客観的な事実と殺し屋ネコの主観との間にズレが生じています。**

・**客観的な事実**

発射された銃弾によってベッドに置かれていたマネキンが破壊されているため、器物損壊罪の成否が問題になります。

◆刑法261条（器物損壊）

▼他人の物を損壊した者は、3年以下の懲役又は30万円以下の罰金若しくは科料に処する。

・殺し屋ネコの主観

就寝中のターゲットネコを射殺しようとしてベッドに銃弾を発射しているため、殺人（未遂）罪の成否が問題になります。

◆刑法199条（殺人）
▼人を殺した者は、死刑又は無期若しくは5年以上の懲役に処する。
◆刑法203条（殺人未遂）
▼第199条の未遂は、罰する。

これらの分析をまとめると、ターゲットの命を奪う（殺人）認識で、マネキンを破壊した（器物損壊）場合に、どのような犯罪が成立するかが問題になるわけです。

器物損壊の犯罪カタログの客観的な要件を満たし、正当防衛や緊急避難といった違法性を否定する事実も存在しないため、主観面に問題がなければ、殺し屋ネコには器物損壊罪が成立することになりそうです。

この点、マネキンをターゲットの身体だと思い込んだ「勘違い」は、主観面の認定においてどのような意味を持つのでしょうか。

まず、刑法における「勘違い」は、**事実の錯誤**《さくご》と**法律の錯誤**に分けることができます。

事実の錯誤とは、行為者が認識していた犯罪事実と、現実に発生した犯罪事実が一致しない場合のことを言います。ターゲットの身体だと思っていたのに（認識していた犯罪事実）、マネキンだった（現実に発生した犯罪事実）のが今回の事件ですから、事実の錯誤に含まれることになります。

もう一方の法律の錯誤は、犯罪事実自体は正しく認識していたものの、その行為が違法であることを認識していなかった場合のことを言います。「20歳になったら、煙草だけではなく覚醒剤も許されると思っていた」などが法律の錯誤ですね。法律の錯誤については、次回の事件で詳しく検討します。

今回の事件で扱う事実の錯誤は、同じ犯罪カタログの中で勘違いが生じている「**具体的事実の錯誤**」と、異なる犯罪カタログ間で勘違いが生じている「**抽象的事実の錯誤**」にさらに分かれます。

・双子の兄だと思って拳銃を撃ったら弟だった。
↓具体的事実の錯誤（主観も客観も殺人の犯罪カタログ）。
・人間だと思って拳銃を撃ったら人形だった。
↓抽象的事実の錯誤（主観は殺人、客観は器物損壊の犯罪カタログ）。
と整理でき、今回の『マネキン殺人事件』は抽象的事実の錯誤に含まれます。

ここまで「勘違い」を細分化する必要があるのはなぜでしょうか？

刑法においては、現実に起きた法益侵害結果の責任を問うことができるかを判断するために、行為者の主観を検討します。

ここで重要なのは、どういった事実を認識していれば、刑罰を科すほどの非難に値するかという視点です。

双子の兄の命を奪うつもりだったのに、弟の命を奪ってしまった。この場合は、死亡結果を生じさせる認識は持っていて、対象にズレが生じたに留まります。

同じ犯罪カタログの責任が問われている以上、勘違いを理由に刑罰をまぬがれるのは難しいでしょう。

一方、異なる犯罪カタログ間での勘違いでは、まったく想定していなかった犯罪の責任を問われる可能性があり、刑罰を科すのが妥当ではないケースが多く想定されます。

このような違いがあるので、「勘違い」の種類が重要となるのです。

殺し屋ネコに器物損壊の責任は問えない

それでは、異なる犯罪カタログ間での勘違いが生じている場合は、常に責任を問えないと結論付けてしまってもよいのでしょうか？

たとえば、雑貨店のカウンターに置かれていた財布を手に取った客が、それを店の商品だと思って持ち出したところ、実は他の客の忘れ物だったという事件が起きたとしましょう。

この場合、店の商品を万引きする（窃盗）認識で、忘れ物を持ち去った（遺失物横領）ことになり、**異なる犯罪カタログ間での勘違いが生じています。**

窃盗罪と遺失物横領罪は、元の持ち主の占有が継続しているか否かで区別されますが、他人の財物を持ち去るという行為態様や、どちらも財産権を守ることを目的にしている点も共通しています。

このように、異なる犯罪カタログ間での勘違いが生じている場合、行為者には責任を問えないのが原則ですが、「認識していた犯罪事実と現実に発生した犯罪事実との間に**実質的な重なり合い**が認められる場合」は、**軽い方の犯罪事実の責任を問うことができる**というのが現在の主要な考え方です。

つまり、先ほどの雑貨店からの財布の持ち去りにおいては、窃盗と遺失物横領に実質的な重なり合い（行為態様や保護法益）が認められるため、法定刑が軽い遺失物横領の責任を問うことができるという結論が導かれます。

今回の『マネキン殺人事件』ではどうでしょうか。

既に説明したとおり、ターゲットの命を奪う（殺人）認識で、マネキンを破壊した（器物損壊）わけですが、殺人罪は生命を守ろうとしているのに対して、器物損壊罪は財産権を守ろうとしているので、犯罪カタログ間で実質的な重なり合いは認められません。

したがって、器物損壊の責任を殺し屋ネコに問うことはできません。

NYANKO CASE 18

ネズミ・モルモット取り違え事件

次のニュースです 本日からネズミの捕獲は禁止となりました
NO MOUSE
ガーン
え!?
なんてこった!!

翌日…
あっ!! ネズミ❤
…いや、待て…
ネズミは今日から捕獲禁止だった…
ハ〜
CHEESE
チュー

でもダメって言われると…
モヤモヤモヤ〜
チュー
メラ
メラ
CHEESE
逆にやりたくなるのが猫の性《さが》……

RESEARCH LAB.
猫大付属生物研究所
待て〜
プイプイ
む?!
あれは……!
CHEESE

つぶらな瞳…
こぶりなボディ…
かわゆい耳……
ネズゥ〜
モルゥ〜…
あれは……♥

あ〜っ スイマセン〜♪
ありがとうござい……
ガブリ!
ハアハア
……あれ!?
プイ?…?
ヒョイ

「その法律は知らなかった」で逃げてもダメ？

法律の錯誤

前回の『マネキン殺人事件』に引き続いて、行為者の「勘違い」が、主観の認定においてどのような意味を持つのかを検討していきます。

今回の『ネズミ・モルモット取り違え事件』では、モルモットに襲いかかるという犯罪事実自体は、このハンターネコも正しく認識しています。つまり、認識していた犯罪事実と現実に発生した犯罪事実の間に、ズレは存在しないわけです。

ですが、もしハンターネコが、「〈ネズミ〉の捕獲は法律で禁止されているけれど、〈モルモット〉なら許される」と考えて襲いかかった場合は、どうでしょうか？

このように、**犯罪事実自体は正しく認識していたものの、その行為が違法であることを認識していなかった場合**を「法律の錯誤」と呼んでいます。

法律の錯誤は、大きく２つのパターンに分けることができます。

一つは、単純に**犯罪カタログの存在を知らなかったパターン**です。

自己堕胎罪（刑法２１２条）の存在を知らずに、妊婦本人が薬物等を服用して堕胎した場合などが、具体的な例として挙げられます。なお、人工妊娠中絶は、医師会から指定を受けた医師が所定の手続きを経て行うという条件で、母体保護法によって実施が認められています。

もう一つは、犯罪カタログの存在は知っていたものの、**自分の行為は許されると解釈を誤ったパターン**です。賭け麻雀は一度だけなら賭博罪（刑法１８５条）に当たらないと思った、自動車の速度超過（道路交通法22条1項）は時速20㎞くらいなら許されると思った……などが具体例です。

今回の『ネズミ・モルモット取り違え事件』は、捕獲禁止法（もちろん架空の法律です）でネズミの捕獲が禁止されても、モルモットの捕獲は許されると解釈して行動に移したと仮定すれば、２つめのパターンに該当します。

さて、ハンターネコの行為が捕獲禁止法に違反しているのかは、どのように判断するべきでしょうか？

「ネズミの捕獲が禁止された」という設定しか明らかにしていないので、この情報だけでは違法か適法かを判断することはできません。

このような法律が制定された場合、「ネズミ」がどの生物を指しているのかを条文で特定する必要があります。そうしないと、マウスは許されるのか？　ラットは許されるのか？　モルモットは許されるのか？　などなど、さまざまな問題が生じてしまうからです。

ちなみに、マウスは齧歯目《げっしもく》ネズミ科ハツカネズミ属、ラットは齧歯目ネズミ科クマネズミ属、モルモットは齧歯目テンジクネズミ科テンジクネズミ属に属するそうです。

条文でネズミを定義する場合は、「ネズミとは、次の各号に掲げる動物を言う……マウス、ラット、モルモット……」などと定めることになるでしょう。

ここでモルモットの捕獲が捕獲禁止法に違反していないと判断できれば、法律の錯誤を検討する必要はありません。犯罪カタログに該当していない以上、責任を問うべきか否かの議論に移らないからです。

便宜上、モルモットの捕獲が捕獲禁止法に違反すると仮定して話を進めましょう。

法の不知はこれを許さず

実際は捕獲禁止法に違反しているのに、モルモットはネズミではないと勘違いして捕獲してしまった。この場合、ハンターネコは罪に問われるべきでしょうか。

刑法38条3項は、次のように定めています。

◆刑法38条
▼3　法律を知らなかったとしても、そのことによって、罪を犯す意思がなかったとすることはできない。ただし、情状により、その刑を減軽することができる。

条文では、「法律を知らなかった」と規定されていますが、ここには犯罪カタログの存在を知らなかった第一パターンだけではなく、犯罪カタログの解釈を誤った第二パターンも含まれると考えられています。

つまり、法律の錯誤においては、**勘違いをしていなかった場合と同様に、罪に問える**のが原則ということになります。

前回の『マネキン殺人事件』では、行為者が認識していた犯罪事実と現実に発生した犯罪事実の間にズレがある場合、責任を否定する余地が認められていると説明しました。「事実」の勘違いなのか、「法律」の勘違いなのかによって、どうしてこのような違いが生じるのでしょうか。

日本の現行法令は、法律だけで2000以上存在するそうです。それらの法律を一つずつ国民が理解するまで説明するのは不可能に近いので、国会の答弁や官報での公告を通じて周知したと擬制《ぎせい》（実際は違っても、そうみなすこと）せざるを得ません。

それに、「法律の勘違い」による責任の否定を広く認めてしまうと、法律を軽視しているずぼらな人ほど得をする結果を招きかねません。

このように、刑法38条3項は、「**法の不知はこれを許さず**」という法諺を明文化した条文でもあるのです。

したがって、今回の『ネズミ・モルモット取り違え事件』のようなケースで、行為者の責任が否定されることはほとんどありません。

ただし、「そのような勘違いをすることも致し方ない」と評価できるような特殊な事情がある場合は、結論が変わることもあり得ます。

たとえば、「モルモットの捕獲は捕獲禁止法に反しない」という見解を検察庁が示したり、裁判所が過去に同様の事件で無罪を言い渡していたりしたような場合などです。

かなりのレアケースですし、「法の不知はこれを許さず」に歯向かうのは容易なことではありません。

かくいう私も、2000以上ある法律のうち、ある程度目を通したことがあるのは……おそらく10分の1以下だと思います。

それでも刑罰を受けることなく日々の生活を送れているのは、犯罪カタログは一般的な常識や倫理観に従って定められるものだからだと思っています。

「法律の勘違い」を防ぐ最良の方法は、きちんと社会に目を向けることなのかもしれません。

NYANKO CASE 19

ゾンビ殺人事件

や…やばい…
殺《や》ってしまった……!
ブルブル

20分前……
2人はルームメイト
あーっ!! それオレが楽しみに取っておいた鮭!!
ニャハハ…
すぐに食わねェオマエが悪ィんだよ、弱肉強食だァ…
バーカ!

カチーン
にゃ…にゃんだと……?!
コンニャロ~今日と言う今日はもう許さねェ~~!!
ブシャッ
ゴッ!
KICK!

そして現在……
…し、死体…
隠さにゃいとまずい……
すまきにして川に流そう…
R.I.P
ズルズル…

すまにゃい……

殺すつもりは、なかったんだが……

ドボッ…

一方…蹴られた直後の茶猫…

どど…どーしよう…

……痛て〜〜〜……頭クラクラするぜ……つか、あいつキレると、怖ェーのな……も少し気絶したフリをして、やり過ごすとするか……

それから20分後…

ハッ
…ハッやべ……っ
……オレってば、気絶して……

ん?!

み……水の中……?!

しかも体をゴザで巻かれてすまき?!!

オレ…カナヅチな……

ゴボッ
ブクブク…

死んだふり、のつもりが…
R.I.P…

行為の認識が多少ズレていても、やっぱりダメなものはダメ！

因果関係の錯誤

前々回から始まった「勘違い」シリーズの解説も、今回の『ゾンビ殺人事件』で一区切りとなります。前々回は「事実の勘違い」、前回は「法律の勘違い」ときたわけですが、今回は「因果関係の勘違い」を扱います。

因果関係は、実行行為と法益侵害結果の間を結ぶ因果の矢印のことでした。その勘違いとは、どういった場面を指しているのでしょうか？

……と本題に入る前に、今回は下準備として検討しなければならない論点がいくつか含まれています。

これまでの事件で既に説明済みの論点ですので、「ああ、そんな事件もあったな……」と思い出しながら読み進めてもらえればと思います。

今回の事件で気弱ネコは、①ドロップキック（簞笥の角に頭が衝突）→②簀巻きにして川に流す（窒息死）という経過を辿って、盗み食いネコの命を奪っています。

まず、一つめの論点として、気弱ネコの行為を法的に評価する場合、①と②を一連一体の一つの行為とみるべきでしょうか、あるいは2つの別個の行為とみるべきでしょうか。

気弱ネコが、「ドロップキックで反撃できないくらい痛めつけた上で、簀巻きにして川に流して窒息死させる」という意図を当初から持っていたのなら、一連一体の行為とみる方が自然だと思います。

ですが気弱ネコの主観としては、①の行為で盗み食いネコが死亡したと思い込んでいるため、②の行為は死体遺棄の罪を犯す意図で行っています。

このように、①は傷害（致死）の意図、②は死体遺棄の意図を持って、気弱ネコはそれぞれの行為に及んでいます。異なる犯罪カタログを頭に思い描いていた以上、**①と②は別個の行為とみるべきでしょう。**

別個の行為としてみるということは、それぞれの行為に何らかの犯罪が成立するのかを検討していく必要があります。

②の行為（簀巻きにして川に流す）について

客観的な事実と気弱ネコの主観の間にズレが生じていることに気付いたでしょうか？

客観的な事実としては、**気絶していた**盗み食いネコを簀巻きにして川に投げ入れているので、殺人か傷害致死の成否が問題になります（殺人と傷害致死の違いは、川に投げ入れた時点で殺意を持っていたか否かです）。

一方、気弱ネコの主観としては、**死体を隠すため**に川に投げ入れたわけですから、死体遺棄の成否が問題になります。

つまり、**盗み食いネコの生死という「犯罪事実」の認識**にズレが生じており、さらに「異なる犯罪カタログ間」での勘違いですので、抽象的事実の錯誤に分類されることになります。この辺りの分類は、前々回の『マネキン殺人事件』で説明したとおりです。

抽象的事実の錯誤においては、行為者に責任を問えないのが原則ですが、〈認識していた犯罪事実〉と〈現実に発生した犯罪事実〉との間に重なり合いが認められる場合（ex.窃盗と遺失物横領）は、軽い方の犯罪事実の責任を問うことができます。

今回のケースでは、殺人罪は生命、傷害罪は身体の安全を守ろうとしているのに対して、死体遺棄罪は死者に対する敬虔感情（死者をうやまい、つつしむ気持ち）を守ろうとしているので、実質的な重なり合いは認められません。

したがって、②の行為については死体遺棄の責任を問うことはできず、過失致死罪の成否が問題になるに留まるでしょう。

ポイントは「危険の現実化」

①の行為（ドロップキック）について

気弱ネコは、傷害（致死）の認識でドロップキックをお見舞いしたところ、盗み食いネコは負傷（頭部からの出血・気絶）した後に川に流されて命を落としています。

したがって、ドロップキックという実行行為と、負傷からの死亡という法益侵害結果が生じていることになります。しかし、盗み食いネコの死因は頭部からの出血ではなく川での窒息死なので、実行行為と法益侵害結果が因果の矢印で結ばれるか、つまり因果関係が肯定されるかが問題となります。

だいぶ前に検討した『マリオネット殺人事件』と同様に、異常な介在事情が存在する場合なのですが、どのように判断するのかを覚えているでしょうか？

「客観的な事情を総合的に踏まえて、行為の中に含まれている〝危険〟が結果として現実化した場合には、因果関係を肯定する」

というのが、「危険の現実化」と呼ばれる現在の主流な考え方でした。

今回のケースでは、角が尖《とが》った家具がある部屋でドロップキックをお見舞いする行為の危険性や、死亡したと勘違いした被害者を川に沈める行為の異常性などを検討していって、**実行行為の危険が結果として現実化したか**を判断していくことになります。

ここでは便宜上、因果関係が認められると仮定して話を進めることにします。

このような検討を重ねていった結果、①の行為（ドロップキック）については、傷害致死の犯罪カタログに該当するという結論が導かれました。

最後に問題となるのが、今回の本題である「**因果関係の錯誤（勘違い）**」です。

気弱ネコとしては、ドロップキックをお見舞いしたことによって盗み食いネコを死亡させたと思っていたのに、実際は川に沈めたことによって窒息死しているので、死亡に至る因果の流れにズレが生じています。

このような因果関係の勘違いは、どのように処理するべきでしょうか。

さんざん引っ張ってきたわけですが、この検討はあっという間に終わってしまいます。というのも、異常な介在事情によって死亡結果が生じてしまったことの評価は、先ほどの因果関係の検討において既に行っているからです。

ドロップキックが高度に危険な行為であり、因果関係が否定されないと結論付けたのであれば、因果関係の認識に多少のズレが生じていても、責任を問うことができると考えるのが自然でしょう。

このように、行為者に責任を問うことができるかという判断には、さまざまな論点が関わってきます。抽出した論点を一つずつ丁寧に処理していけば、妥当な結論に辿り着くはずですので、今回の事件がその参考になれば幸いです。

NYANKO CASE 20

マタタビ殺人事件

恋人のタマコにふられて、

マルオ君 ごめん…… アタシ、トラオ君と つきあう ことにした…
ハァ…

一週間が経ったけど…

ウエーン＆メソメソ…
いまだに… 立ち直れない…
ウウ…
そして あいつ《トラオ》が 憎いっ……！ あいつさえ いなければ…

いっそ 不慮の事故に 見せかけて…
ウッウッ
殺っちまおうか？ …殺れるのか…オレ…

ハッ
でもタマコは どう思うだろう……？ 悲しむだろう…
トラオ君… うそ…
…そこでオレがタマコを 支えて、ヨリが戻る…… いや、そんなにうまく行く だろうか………

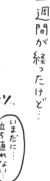

答えはわからない……オレはどうすべきか……
……酒の力でも借りてみるとしよう……
ウッ ウッ
ドンッ!
MATA TABI WINE

それから3時間…
ウェーーイ!!
ベロベロ〜
バ、バーロー…オデに、こっ怖いモンなんてなンもねェ…全員ブッ殺ス!!
MATA TABI WINE
木天蓼
BEER

さらに10分後…
ウオイ〜〜!見つけたぞ〜ゴラァ…ごのォ泥棒猫ォ〜トラオよォ〜……
ヒック
ん?
ヒック
バタ バタ

キャーーッ!
ブザッ!
シャ〜の、ギャ〜の、ピャ〜〜!!
ニャムニャ…

きっかけとなる行為の時に「ヤってやる！」と思っていたらダメ！

原因において自由な行為

（第一のハードルである）犯罪カタログの要件を満たし、かつ、（第二のハードルである）正当防衛や緊急避難といった違法性を否定する事情が見当たらない場合でも、**犯罪の成立を妨げるハードルはまだ残っています。**

　無抵抗の被害者を一方的に殴り続けて、怪我を負わせた粗暴者がいたとしましょう。その行為は傷害の犯罪カタログに該当しますし、〝悪い〟行為であることも明らかです。

　一方で、その粗暴者が直前に覚醒剤を摂取していて、自分の行動をまるで制御できない状態だったとしたらどうでしょう。

「違法薬物に手を出したあげく殴りかかるなんて、なおさらけしからん！」と思われるかもしれません。確かにその通りなのですが、諸刃の剣である刑罰を科すためには、その行為が法的にも非難できるものでなければなりません。

この「非難」という単語が、3つめのハードルを跳び越えられるかを判断する際に重要な意味を持ちます。

つまり、犯罪行為に及んだ者を非難できるのは、「犯罪カタログに載っている違法な行為を選択しないことも可能であったにもかかわらず、あえて犯罪行為に及んだ」と評価できる場合に限られるのです。

もう少しわかりやすく言い換えると、「**自分の行為が悪いことだとわかっていて、それを中止することも可能だったのにあえて踏み切ったのだから、刑罰を科されても仕方ない**」と説明することもできます。

前回まで説明していた刑法における「勘違い」も、このような非難可能性について具体的な事例に基づいて検討していたわけです。

この3つめのハードルのことを、「**責任**」と呼んでいます。

そして、その具体的なステータスを「**責任能力**」と呼んでいるのですが、責任能力が認められるか否かは、**①行為の善悪を認識する能力**と、**②その認識に従って行動に移すかを判断する制御能力**の有無や程度によって判断されます。

自分の行為が悪いことだと認識できる状態ではなかったり（①）、悪いことだとわかっていても止められる状態ではなかった（②）場合には、責任能力が認められない（責任無能力）ため、責任を問うことはできません。

ここで刑法39条を紹介します。

◆刑法39条
▼1　心神喪失者の行為は、罰しない。
▼2　心神耗弱者の行為は、その刑を減軽する。

「**心神喪失**」は、①か②（&ではなくorです）の能力を欠いている状態、「**心神耗弱**《こうじゃく》」は、①か②の能力が著しく減退している状態を指します。

その区別は容易ではなく、実務では精神鑑定などを実施しながら責任能力の有無やその程度を判断しています。

先ほどの覚醒剤を摂取して襲いかかった粗暴者は、心神喪失者として刑罰をまぬがれるか、心神耗弱者として刑が減軽されることになるでしょう。

以上を基礎知識として、今回の『マタタビ殺人事件』を検討していきましょう。

気弱ネコのマルオは、好きだったタマコが交際相手に選んだトラオの背中に包丁を刺して命を奪っています。殺人の犯罪カタログに該当する行為（第一のハードルをクリア）で、違法性を否定する事情も見当たりません（第二のハードルもクリア）。

そこで3つめの「責任」のハードルが問題になるわけですが、犯行の10分前までマタタビ酒を大量に飲んでいたマルオは、包丁を刺した瞬間に意味不明な言葉を発していますし、まともな精神状態ではなかったことがうかがわれます。

①行為の善悪を認識する能力と、②その認識に従って行動に移すかを判断する制御能力のどちらか、あるいは双方が欠けていると判断される可能性は充分あり得そうです。

すると、「責任」のハードルを乗り越えられなかった以上、恋敵であるトラオの命を奪った行為の責任は問えないという結論に行き着きそうです。

心神喪失状態でも完全な責任を問える?

ですが、ここで久しぶりに「ちょっと待った!」の一声をかけさせてください。

確かにマルオは、〈包丁を突き刺した時点〉では責任能力が認められない可能性が高いでしょう。しかし、もう少し遡ってみると、マタタビ酒を飲み始めた時点で、トラオに対する殺意を抱いていたことが明かされています。

素面《しらふ》では殺害を実行できなかったので、アルコールの力を借りて襲いかかったのです。

あらかじめ相手を殺害する意思を持っていて、度胸を付けるために大量に飲酒した後、実際に目的を達している……。そのような分析ができるにもかかわらず、たまたま殺害時に心神喪失状態にあったからといって責任を否定するのは、素朴な感覚としておかしいと感じるのではないでしょうか?

責任能力に関する基本的な考え方によれば、この場合も心神喪失状態にあったと認めるのが素直なのですが、さすがにそれはマズいということで、例外的に責任能力を肯定するための法理が主張されるようになりました。

この法理のことを「**原因において自由な行為**」と呼んでいます。

原因において自由な行為は、「心神喪失状態を招く原因になった原因行為時に完全な責任能力が認められ［1］、その際に抱いていた法益侵害の意思［2］が結果として実現している場合［3］には、結果行為についても完全な責任を問うことができる」という法理です。

原因行為やら結果行為やら、聞き慣れない単語がいくつも登場してきたので、今回の事件に当てはめてみましょう。

マルオは、マタタビ酒を大量に飲んだことで心神喪失状態に至っているため、この行為が**原因行為**に当たります。原因行為の時点では素面なので完全な責任能力が認められ［1］、トラオを殺害する意思も持っています［2］。そして、心神喪失状態に至りながらも、殺害の目的は達しています［3］。この［3］の行為が**結果行為**に当たります。

このように、［1］～［3］の要件をすべて満たす場合は、結果行為の時点で心神喪失状態に陥っていたとしても完全な責任を問うことができるというのが、原因において自由な行為から導かれる結論です。

ここで注意が必要なのは、犯行に及ぶ前にアルコールや薬物を摂取しただけでは要件を満たさないということです。原因行為の時点で法益侵害の意思を有していなければならないのが［2］の要件ですが、これを充足するのは容易なことではありません。

これまでの事件でも何度か触れてきましたが、行為者の内心は目に見えないので、客観的な事実から推認せざるを得ないからです。そして、原因において自由な行為の場合は、ただでさえ難しい内心の認定を、原因行為時と結果行為時の二時点で行わなければなりません。

原因において自由な行為は、「**原自行為**《げんじこうい》」と略されることもあり、独特な響きから法学部生の間ではとても人気な法理（筆者調べ）なのですが、扱い方が難しいため実務ではほとんど見かけることがありません。

お酒の席で、酒の肴がわりに「原自行為」の雑学を披露するのも案外面白いかもしれませんん（どんな反応が返ってくるのかは保証できませんが）。

NYANKO CASE 21

火事場のバカ煙草事件

なんだか、体うごかしたら、モヤモヤが晴れてきたニャ……
フフフ……
一休みしてタバコ吸うか……

カチッ
ボワ
あ゛じゃ？

ボム！
ニ゛ャーーッ゛！

犯行が失敗に終わっても、「危険な行為」と認定されたらダメ！

実行の着手 その1

これまでの20の事件を通じて、犯罪の成否を認定するために重要な3つのハードル、**構成要件該当性**、**違法性**、**責任**について説明してきました。

それぞれのハードルを乗り越えるごとに、「犯罪カタログに該当しても……」だったり、「悪い行為である推認が覆《くつがえ》らなくても……」などと水を差してきましたが、責任のハードルまでクリアすれば、**よほどのことがない限り**、犯罪の成立は否定されません（「よほどのこと」については、ひとまず気にしないでください）。

何か事件が起きて、犯人と疑われる人物の目星が付いた場合、構成要件該当性、違法性、責任の3つのハードルは、基本的に毎回検討しなければなりません。

ただし、それとは別に、走るレーンによっては、**ハードルの手前や奥に特別な障害物が設**

置されていることがあります。今回以降の事件では、それらの障害物が何であるのかについて、順に説明していこうと思います。

今回の『火事場のバカ煙草事件』で扱うのは、犯行が失敗に終わった場合……つまりは、1つめのハードルの手前で躓《つまず》いたケースです。

1つめのハードルは構成要件該当性、その中でも先頭に陣取っているのは、「**実行行為性**」の有無です。

これまでの事件では、予想外の介在事情が間に挟まったり、予期せぬ結末を迎えたりしたことはありましたが、ほぼすべてのケースで何かしらの法益侵害結果は生じていました。

しかし、犯罪計画を立てたり、あるいは逆に衝動的に犯行に及んだりした場合でも、常に法益侵害結果が生じるわけではありません。アクシデントが発生して諦めざるを得ないこともあれば、途中で思い直して自ら引き返すこともあるでしょう。

たとえば、一発しか弾を装填していないライフルを発射して外した場合、ターゲットの命を奪う手段が他になければ、殺害計画の失敗が確定します。

実際にライフルの銃弾を発射しているわけですが、弾が外れたからといって罪に問えないと結論付けてしまっていいのでしょうか？　銃弾を発射した時点で、ターゲットの生命は危険に晒されているのではないでしょうか？

ここで刑法43条と44条の条文を見てみましょう。

◆刑法43条
▼犯罪の実行に着手してこれを遂げなかった者は、その刑を減軽することができる。ただし、自己の意思により犯罪を中止したときは、その刑を減軽し、又は免除する。

◆刑法44条
▼未遂を罰する場合は、各本条で定める。

このように、**犯罪の実行に着手したものの結果が生じなかった場合**は、未遂犯として刑罰を科されることがあります。

刑法２０３条は、「第１９９条の罪（殺人）の未遂は、罰する」と規定しているため、殺人未遂罪は刑罰の対象となり得るわけです。

余談ですが、殺人と殺人未遂を比較したとき、殺人の方がより危険な行為であると勘違いしている人が多くいます。しかし、命を奪う危険性がそもそも低い行為であれば、傷害（致死）の成否が問題になるに留まります。

殺人も殺人未遂も、殺意をもって命を奪う危険性がある行為に及んだことまでは共通しており、死亡結果が現実に生じたか否かによって区別されているのです。

さて、犯罪の実行に着手したものの結果が生じなかった場合が、未遂犯の問題だと説明しましたが、「犯罪の実行に着手した」と評価できるのか否かは、どのような基準に基づいて判断されるのでしょうか？

未遂犯は、**法益侵害結果が生じる危険性が高い行為**に及んだことを理由に処罰されると考えられています。そのような処罰根拠を重視すれば、「法益侵害結果発生の現実的危険性が生じたと言える場合」には**実行の着手**が認められることになるでしょう。

先ほどのライフル発射のケースについては、狙撃能力も殺傷能力も高いライフルの銃弾が発射されているのですから、よほど距離が離れていたり吹雪や雷雨だったりといった劣悪な状況でもない限り、殺人の実行の着手が認められるはずです。

🐾前段階の行為が犯罪の成否を分ける

以上の検討を踏まえて、今回の『火事場のバカ煙草事件』を検討していきましょう。

親父ネコは自分が住んでいるアパートを燃やそうと考えており、実際に火災も生じているため、実行の着手を問題にする必要はないと思われたかもしれません。

ですが、火災の直接の原因になったのはライターの着火であり、親父ネコはそれによって火が燃え広がるとは考えていませんでした。

したがって、**ライターの着火行為に放火の故意を認めることができない**以上、その前段階の〈大量のガソリンを部屋に撒く行為〉が放火の実行行為と評価できなければ、親父ネコに放火の責任は問えないことになります。

このように、本来の意図とは違う時点で法益侵害結果が生じてしまった場合も、**前段階の行為に実行行為性が認められるかによって、犯罪の成否は大きな影響を受けるのです。**

大量のガソリンを部屋に撒く行為に、出火という法益侵害結果が発生する現実的危険性は認められるでしょうか。

この判断をするためには、ガソリンの成分や性質に関する科学的な知識が不可欠となります。過去に同じような事件が起きた際に裁判所は、ガソリンの引火性の高さや、大量かつ広範に撒いていることを重視して、その時点で家屋焼損の現実的危険性が生じているとして、放火の実行の着手を認めました。

一方、可燃性が低い灯油を撒いた事案では、放火罪の実行の着手を否定しています。何かしらの燃料を撒けば実行の着手が認められるわけではなく、揮発性や可燃性を考慮して現実的危険性の有無を判断する必要があるのです。

大量のガソリンを撒いた部屋で煙草を吸う……。「そんな危険な行為、普通はしないだろ」と思われたかもしれませんが、ガソリンスタンドで煙草を吸っている人を見掛けたことはないでしょうか？

ガソリンスタンドでの喫煙に、放火の実行行為性が認められるか。理由も含めて考えてみると、勉強になるかもしれません。

NYANKO CASE 22

クロロホルム殺人事件

よし……！ あとはこいつを すぐそこの海に 沈める……
ククク……
うるせえ 回し車も 道連れでニャ……

海底で目が 覚めて、苦しんで 溺死しろっ……
回し車と 仲良く、あの世 行きにゃっ……
ドボン!!

数日後……
お！ 発見されて ニュースに なってるニャ…… どれどれ……
……ん？

なにィ!?
怪死のアスリート!!
死因
薬物によるショック死
あの時点で、既に サクッと死んでたの?!

想定外の早さで犯行結果が生じても、「3つの要件」を満たしていたらダメ！

実行の着手 その2

漫画やドラマで、悪役がターゲットを連れ去る際に、クロロホルムなどの麻酔薬を染み込ませたハンカチを嗅がせるシーンを見たことはないでしょうか？

吸入麻酔を病院で受けたことがある方はわかるかもしれませんが、特殊な機器を使って麻酔をかける必要があり、少し嗅いだだけで意識を失うことはないそうです。かといって、大量に染み込ませれば麻酔効果が期待できるわけでもなく、クロロホルムは劇物ですので意識障害やショック死を引き起こす危険性があります。

眠らせたつもりが、昏睡状態からショック死に至るケースは、充分考えられるということですね。犯罪にしか活用できなそうな雑学の紹介は、これくらいにしておきましょう。

今回の『クロロホルム殺人事件』には、モデルとした事件が実在します。

車の助手席に座る被害者の口に大量のクロロホルムを染み込ませたタオルを押し当てて吸引させ、昏睡状態に陥った被害者を乗せたまま、車を海に転落させたという事件です。

犯人は生命保険金目的で、事故に見せかけて被害者を殺害しようとしていたため、水中で窒息死させる予定で一連の犯行を実行に移しました。

しかし、司法解剖の結果、被害者の死因は「海に転落したことによる窒息死」か、「大量のクロロホルムを摂取したことによるショック死」かを特定することができませんでした。

刑事裁判の重要なルールの一つに、「**疑わしきは被告人の利益に**」というものがあります。これは、真偽不明な事実やAかBか確定できない事実がある場合、被告人に有利に働く方を採用するというルールです。

窒息死とショック死……。先ほど紹介した事件で犯人に有利に働くのは「ショック死」なのですが、その理由を今回の『クロロホルム殺人事件』を通じて説明していきます。

大量のクロロホルムを吸引して昏睡状態に陥ったマッチョハムを、回し車ごと海に突き落として窒息死させた……。

自動車が回し車に変わった点と、死因が「薬物ショック死」と特定できている点以外は、先ほど紹介したモデル事件と同じ事実関係だと仮定しましょう。

今回の事件でも、客観的な事実と行為者の主観の間にズレが生じています。

客観的な事実としては、第一行為（クロロホルム摂取）によってマッチョハムは死亡しているのですが、理系ネコの主観としては、第二行為（回し車落下）によって命を奪うつもりでした。

少し前の『ゾンビ殺人事件』の内容を覚えているでしょうか？

第一行為（ドロップキック）で被害者が死亡したと思っていたら、実は気絶していただけで、死体遺棄のつもりで行った第二行為（簀巻きにして川に流す）によって窒息死していた……という事件で、死亡の責任を行為者に問うことができるのかを検討しました。

今回の事件と似ていますが、『ゾンビ殺人事件』は行為者の主観よりも〈遅い時点〉で死亡結果が生じているのに対して、今回の『クロロホルム殺人事件』では行為者の主観よりも〈早い時点〉で死亡結果が生じています。

このことから、前者を**「遅すぎた構成要件の実現」**、後者を**「早すぎた構成要件の実現」**の論点とそれぞれ呼ぶことがあります。

「遅すぎた構成要件の実現」の場合は、第一行為と死亡結果の間に因果関係が認められるのかをメインに検討していきました。

客観的な死亡のタイミングよりも早い第一行為（ドロップキック）の時点で実行行為を行ったと認識しているため、想定外の経過を辿って発生した死亡結果と実行行為の間の因果関係を検討する必要があったからです。

これに対して今回の「早すぎた構成要件の実現」では、第一行為（クロロホルム摂取）の時点では被害者を殺害するつもりはなく、傷害の認識しかなかったというのが、殺人の犯罪カタログの要件を満たすかを検討する上で最大のネックになります。

この問題が生じるため、行為者の認識と合致する窒息死よりも、ショック死と認定された方が、**犯人にとっては有利に働くことになるのです。**

🐾殺人の実行に着手したと認められるには

さて、今回の「早すぎた構成要件の実現」においては、第一行為（クロロホルム摂取）の時点で殺人の実行に着手したと認められるかがまず問題となります。繰り返しになりますが、理系ネコとしては、この時点では傷害の認識しか持っていなかったからです。

実行の着手が認められる要件は、「法益侵害結果発生の現実的危険性が生じたと言える場合」だと前回の事件で説明しました。

そして、この要件の認定は行為者の主観も踏まえて行うため、意識を失わせる意図しかない第一行為だけを抜き出した場合は、殺人の実行行為とは認められないことになります。

しかし、今回の事件で理系ネコは、マッチョハムを殺害する意思は当初から有していて、殺害計画の一環としてクロロホルムを摂取させています。

このような場合、第一行為単体では実行行為性が否定される場合であっても――

①第一行為が第二行為を**確実かつ容易に行うために必要不可欠**なものであり、

②第一行為に成功した場合、**犯罪遂行において障害となるような特段の事情が存在しなか**

ったと認められ、
③第一行為と第二行為との間の**時間的場所的近接性**が認められる。
という要件をすべて満たせば、第二行為によって法益侵害結果が発生した場合であっても、第一行為の時点で実行行為性が認められると考えられています。

今回の事件では、①部屋から抵抗されずにマッチョハムを連れ出すには意識を失わせることが必要不可欠であり、②意識さえ奪えば回し車ごと海に沈める第二行為を妨げる障害は特に存在せず、③クロロホルムを摂取させた直後に近隣の海に突き落としたと評価できる……といった事情が揃っていれば、第一行為の時点で殺人の実行に着手したと認めることができるでしょう。

最高裁平成16年3月22日第一小法廷決定の判例をモデルとした今回の『クロロホルム殺人事件』以外にも、本書で紹介している事件の中には、モデルとした判例が実在するものがいくつか存在します。
『余命30分事件』（最高裁平成2年11月20日第三小法廷決定）、『勘違いニャイト事件』（最高裁昭和62年3月26日第一小法廷決定）などは有名な判例をモデルとしているので、気になった方は判例を検索して目を通してみてください。

NYANKO CASE 23

死体殺人事件
および呪術殺人事件

ニャハハハハ
今度こそくたばったニャ、ひげジジイッ!
バッ!

ニャッ!? し、刺殺体!? しかも別人《べつにゃん》!?

くっそ〜 あのヒゲカスクソジジイ…
クックックッ〜
あたいはプロの暗殺者 だからターゲット以外は殺らニャイ主義なのに… 許さん…
... TO BE CONTINUED....

もちもの確認〜
わら人形よし!
五寸釘よし!ろうそくよし!

ハチマキしめて…暗殺の呪術、開始…!
これで標的《ターゲット》を必殺するんだニャ…
ギュッ!

ギョエ〜〜!!
コン
死・ね!!

…よし…!!
暗殺《ミッション》終了……
ヨイショ…
また今日も一つ、命をうばってしまったニャ……
… TO BE CONTINUED …

やる気満々で犯行に及んでも犯罪実現の危険性が低かったらダメ？
不能犯

『火事場のバカ煙草事件』では、犯行が失敗に終わった場合にどのような処理がなされるのかについても、簡単に説明しました。

一発しか弾を装填していないライフルを発射して外した場合、残弾がなければ殺害計画の失敗が確定します。とはいえ、一歩間違えれば（数ミリ手元がズレていれば）死亡結果が生じていたかもしれないのに、無罪放免とするのは妥当ではないとして、未遂犯の考え方を紹介しました。

刑法43条と44条が、未遂犯に関する規定です。再掲します。

◆刑法43条

▼犯罪の実行に着手してこれを遂げなかった者は、その刑を減軽することができる。ただし、自己の意思により犯罪を中止したときは、その刑を減軽し、又は免除する。
◆刑法44条
▼未遂を罰する場合は、各本条で定める。

刑法203条は、「第199条の罪（殺人）の未遂は、罰する」と規定しているため、ライフルでの暗殺に失敗した場合も、その他のハードルを乗り越えれば殺人未遂罪が成立するという結論が導かれるのでした。

このように殺人既遂も殺人未遂も、「生命を奪う現実的危険性が生じたと評価できる行為」に及んだところまでは共通しています。既遂か未遂かは、実際に死亡したか否かで区別できるため、どちらが成立するかで迷うケースはそれほど多くありません。

一方で、本人は全力で命を奪うつもりだった場合でも、**勘違いや不手際、偶然の巡り合わせなどによって、死亡結果が生じることはおよそあり得なかった**（結果論ではなく客観的な分析によって）と評価できるケースが一定数存在します。

ライフル暗殺のシチュエーションでも、弾倉に弾が装塡されていなかったり、ターゲットだと思っていたのがマネキンだったりした場合は、「銃弾」が発射されて「人体」に当たることはないので、死亡結果は生じないことになります。

少し前に説明した『マネキン殺人事件』は、後者のケースによく似ています。このように、行為者としては犯罪を実現する意思で行為に及んだものの、**犯罪実現の現実的危険性が極めて希薄であった**ため、実行の着手が認められない（未遂犯にならない）場合を**〝不能犯〟**と呼んでいます。

ここで問題となるのが、「犯罪実現の現実的危険性が極めて希薄であったのか」を、どのような基準に基づいて判断するべきかです。

今回の『死体殺人事件』と『呪術殺人事件』を分析しながら、具体的に検討していきましょう。

「偶然居合わせた第三者」という考え方

その① 『死体殺人事件』

前回のミッション（『マネキン殺人事件』）で失敗した殺し屋ネコは、その反省も踏まえて、ベッドにターゲットが眠っていることを念入りに確認した上で発砲しています。

しかし、ベッドに横たわっていたのは、既にこと切れている刺殺体でした。（殺し屋ネコに殺人の罪を擦《なす》り付けるために、遺体をベッドに隠していたのでしょうか。後に現場に踏み込んだ警察は、刺殺後に発砲されている遺体を発見するわけですから、さぞびっくりしたことでしょう。まさにミステリーです）

殺し屋ネコが発砲した時点で被害者が死亡していたとすると、銃弾の発射によって死亡結果を生じさせることは不可能だったことになります。

このケースで、「ベッドでターゲットが眠っている」という殺し屋ネコの**主観**（**勘違い**）**のみから判断**すると、死亡結果発生の現実的危険性が認められることになり、発砲した時点で既に死亡していたという**客観的事実のみから判断**すると、死亡結果発生の現実的危険性は認められないことになります。

前者の主観的危険説は、本人が危険だとさえ信じていれば未遂犯が成立することになりかねませんし、後者の客観的危険説は、致死量に達しない毒薬を注射した場合などに、どれくらいの量であれば未遂犯が成立するかの基準が曖昧であるなどと、それぞれ弱点が指摘されています。

そこで、「行為者（殺し屋ネコ）が認識していた事情や一般人が認識し得た事情から判断したとき、結果が発生する危険があると一般人が考えるような場合には、未遂犯が成立する」というのが、現在の主要な考え方です（**具体的危険説**）。

ここでいう〈一般人〉とは、**その場に偶然居合わせた第三者がいたとしたら……**という仮定の話で、刑法の判断基準においてときおり登場します。

具体的危険説は、判断の基礎とするのは、「行為者が認識していた事情＋一般人が認識し得た事情」で、その計算式の結果は、「結果が発生する危険があると一般人が考える」かによって決めるという二段階の考え方を採用しています。

ケースバイケースと言ってしまえばそれまでですが、主観的危険説や客観的危険説と比べると、妥当な結論が導かれると評価されています。

今回の『死体殺人事件』では、寝室のベッドの膨らみや、はみ出したつまさき（肉球）を殺し屋ネコが認識していた事情などから、発砲によって死亡結果が発生する危険があると一般人が考えるかを検討することになります。

これはつまり、ベッドに眠っていたのが、マネキンであっても死体であっても、一般人の認識次第では殺人未遂罪が成立し得るという帰結を意味するので、意外に思われた方もいるかもしれません。

仮に殺人未遂罪の成立を否定した場合は、殺人（未遂）の主観で客観的には死体損壊罪を実現したことになるので、これまでにも繰り返し検討した抽象的事実の錯誤の問題となり、両者に実質的な重なり合いが認められるかを検討することになります。

その②『呪術殺人事件』

丑の刻参りによって標的に危害を加えることはおよそ不可能（少なくとも私の知る限りでは）なので、主観的危険説・客観的危険説・具体的危険説のいずれの立場を採用しても、**不可罰となる**と考えられています。

未遂犯の成立が認められやすい主観的危険説でも、「ターゲットに見立てた藁人形に五寸釘を打ち込んだ」という事実から、死亡結果の現実的危険性を認定することはできないわけです。

NYANKO CASE 24

弾切れ殺人事件

あっ!!
はずしちまったッ……
クソッ…
プシュー……
ヒ、ヒィ……

あ、あにゃっ……
カラン
カラン
し、しかも…弾切れ…？
なんか様子がおかしいにゃ…？

チ、チクショーッ!!
こっ今回は…っ見逃してやるッ…(泣)
お、おう…
あっかんべーだ…!!

中止犯

途中で犯罪をやめても、「したかったけど、できなかった」じゃダメ！

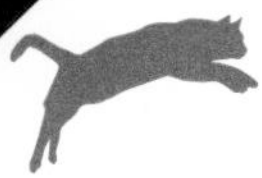

「背中の傷は剣士の恥」という名言があります。罪を犯そうと決意したはいいものの（よくないですが）、途中で障害に突き当たったとき、初志貫徹で前に進む選択と、思い直して引き返す選択、どちらの方が「犯罪者の恥」と評価されるのでしょうか。

引くに引けなくなって、やけくそで罪を犯す……。進むべきか退くべきかの分岐点に差しかかった際に、**引き返した方が得だと説得できる制度が準備されていれば、不毛な犯罪を少しでも減らすことが期待できます。**

さて、本題に入りましょう。

刑法における後戻りの制度――**〝中止犯〟**は、これまでに何度か引用した刑法43条に、しっかり明記されています。

◆刑法43条
▼犯罪の実行に着手してこれを遂げなかった者は、その刑を減軽することができる。ただし、自己の意思により犯罪を中止したときは、その刑を減軽し、又は免除する。

これまでは、本文の未遂犯の規定ばかりに着目してきましたが、今回のケースでは、但し書きの中止犯の規定を扱います。

今回の『弾切れ殺人事件』では、ようやくターゲットとの対面を果たした殺し屋ネコが、至近距離から拳銃を発砲しています。

殺し屋が使っているわけなので、殺傷能力が高い拳銃でしょうし（間抜けな殺し屋なので少し怪しいですが……）、2匹の距離や体勢などを加味しても、死亡結果を生じさせる現実的危険性が認められることは明らかです。

したがって、本件では殺人の実行着手が認められますが、銃弾が外れたことでターゲットは生き延びているため、殺人未遂罪の成否が問題になります。

ターゲットを仕留め損ねた殺し屋ネコは、「今回は見逃してやる」と捨て台詞を残して現場から逃亡しています。

ここで問題となるのは、殺し屋ネコの逃亡は、刑法43条但し書きの「自己の意思により犯罪を中止したとき」に該当して中止犯が成立するのか否かです。

中止犯の成否について具体的に説明する前に、その効果について補足します。

未遂犯の場合は、「その刑を減軽することができる」と、中止犯の場合は、「その刑を減軽し、又は免除する」と、それぞれ定められています。

減軽（大雑把な説明ですが、刑罰が一段階軽くなります）に加えて免除（刑罰を与えない）も選択できるようになるのが大きな違いの一つですが、さらに文末も変わっていることに気付いたでしょうか？

未遂犯は「減軽することができる」と定められているので、未遂犯が成立する場合でも、実際に減軽するか否かは、裁判官の裁量に委ねられています。

一方、中止犯では、「減軽し、又は免除する」と定められており、「減軽」にするか「免除」にするかは裁判官の裁量に委ねられていますが、**どちらも選ばないという選択肢は認められていません。**

文末が、「できる」（**裁量的減軽**）なのか、「する」（**必要的減軽**）なのかによって、このような違いが生じるわけです。

刑法における刑の減軽については、過剰防衛（36条2項）・過剰避難（37条1項）・心神耗弱（39条2項）・自首（42条）・従犯（63条）などがあります。

それぞれの規定が裁量的減軽なのか、必要的減軽なのか、興味のある方は条文を確認してみてください。

🐾中止するためにどれだけ〝努力〟したか

話を戻して、中止犯の要件を検討していきましょう。

刑法43条但し書きは、①「自己の意思により」（**中止の任意性**）と②「犯罪を中止した」（**中止行為**）の2つの要件に細分化することができます。

①中止の任意性

中止犯に必要的減軽まで認めているのは、自発的に犯行の中止を決意したり、結果発生の防止に向けて真摯な努力をしたりしたことによって、**行為者に対する非難可能性が減少する**からだと一般的に理解されています。

〝非難可能性〟の意味を正確に説明するのは難しいのですが、「同情の余地があるかどうか」と理解していただければひとまず大丈夫です。

このような制度趣旨からすれば、「本当は犯行を継続したかったけれど、途中で中止せざるを得なくなった」ケースでは、〈自発的〉な犯行の中止とは到底言えず、中止犯を認めるべきではありません。

そこで、中止の任意性は、「（犯行を）しようと思えばできたが、しなかった」場合には認められ、「**したかったが、できなかった**」**場合には認められない**という判断基準によって、基本的には妥当な結論を導くことができます。

この判断基準を実際に当てはめてみましょう。

今回のケースでは、殺し屋ネコは銃弾が尽きたことに気付き、現場を立ち去っています。「今回は見逃してやる」と捨て台詞を残していますが、弾切れの拳銃はただの鈍器でしかないため、暗殺を成し遂げるのは難しかったことがうかがわれます。

したがって、「ターゲットの暗殺を成し遂げたくても、（弾切れで）できなかった」と評価できるため、「したかったが、できなかった」場合に当てはまり、中止の任意性はまず認められないでしょう。

仮にまだ銃弾が残っていて、警備システムも作動しておらず、拳銃の引き金を引けば高い確率でターゲットの命を奪えたのに、その場を立ち去った場合は、「しようと思えばできたが、しなかった」場合に当てはまり、中止の任意性は認められるはずです。

②中止行為

今回のケースでは、中止の任意性が認められないため、中止行為の要件を満たすかを検討するまでもなく、中止犯は成立しないことになります。

一方、仮にまだ銃弾が残っていたとしたら、先ほど説明したように中止の任意性の要件はクリアできる可能性が高く、中止行為の要件が問題になります。

中止犯の制度趣旨が、行為者に対する非難可能性の減少に求められることは、既に説明したとおりです。

したがって、中止行為の要件をクリアするためには、**結果の発生を阻止するために真摯な努力をし、現実に法益侵害結果の発生を防いだことが必要**だと考えられています。

今回のケースのように発射した銃弾が幸運にも外れた場合、結果の発生を阻止するために殺し屋ネコにできることはない（そもそも負傷結果すら生じていないから）ので、そのまま現場を立ち去ったとしても、中止行為の要件は肯定されるでしょう。

一方、銃弾が急所を外して命中した場合は、まず間違いなく出血しているわけですから、結果の発生を阻止するためにするべきことは山ほどあります。

止血する、救急車を呼ぶ、事情を救急隊員に説明する……。これらの救命措置を取らずに現場から逃亡したとしたら、〈真摯な努力〉をしたとは到底言えません。

このように**中止行為の要件は、行為者が何をしてしまったかによって、どの程度の努力が求められるかが変化します。**

中止の任意性と中止行為の要件をどちらもクリアすれば、必要的減軽という重大な効果が与えられます。

時を巻き戻すことはできない以上、中止犯の成立に向けて全力を尽くすことは、「犯罪者の恥」ではなく「犯罪者の誉《ほま》れ」に繋がるのではないでしょうか。

NYANKO CASE 25

にゃんこのしっぽ切り事件

もしもし‼ こちら盗賊団 キャッツキャップ 本部のΣ《シグマ》だ、α《アルファ》聞こえるか？
はい、こちらα《アルファ》 ひとつめのミッション 終えました！
ごくろうα《アルファ》！ たてつづけに悪いが、銀座の宝石店〝ニャルティエ〟に向かってほしい…！
奇跡の宝石 〝ミラクルパール〟を 盗る瞬間《とき》が来た…
えっ!?
miracle Pearl
〝ミラクルパール〟は 長年の悲願ですが… 〝ニャルティエ〟は 難攻不落のセキュリティ‼ なぜ急に?!
それがちょっとした 店のアクシデントで セキュリティをハッキング できたんだ…！
ククク…
案ずるニャ α《アルファ》、 すでにβ《ベータ》は店内に 潜入している！
β《ベータ》 28歳
特技は 錠前破り

β《ベータ》の手引きでミラクルパールを我々のものにできる、心配無用だ！
了解《ラジャー》！では、β《ベータ》さんに連絡して、現場に急行します！
α《アルファ》、しっかりたのんだぞ…俺たちは3匹で天下の大盗賊団〝キャッツキャップ〟だ！
ぐっ…
all for one, one for all... Cat's cap!
イエッサー！がんばりましょう!!
ウォォォ…
……通話終了……
ふぅ……
これでよし……
とはいえ…〝ニャルティエ〟はてごわい…正直、成功率は40%と言ったところか…
でももし、2匹が失敗して、タイホされても…実際、俺は何もしてニャイ…
フフフ…
だから…タイホは…されニャイ！
スチャッ
パタム

犯行現場にはいなくても、犯罪に「重要な役割」を果たしていたらダメ！

共謀共同正犯

これまでの事件では、犯行計画の立案から実行まですべて犯人が1人で行う〝**単独犯**〟を中心に扱ってきました。

『運命的な殺人者事件』では、マダム・ペローと執事のニャトラーが〈偶然〉同じタイミングで毒薬を盛ったケース、『余命30分事件』では、兄ネコが一撃目を加えた後に〈偶然〉現場を通りかかった弟ネコがとどめを刺したケースを紹介しましたが、**いずれも協力関係にあったわけではなく、**結果的に2匹が犯行に関わったに留まります。

単独犯の場合は、実行行為と法益侵害結果の対応関係がシンプルなので、責任の所在も明確であることが多いです（間接正犯や不作為犯は別として）。

すべて自分でやり遂げたなら、責任を擦り付ける相手もいない……ということですね。

ですが、実際に世の中で起きている事件に目を向けると、オレオレ詐欺（特殊詐欺）や集団強盗、集団リンチなど、複数の人間が関わって犯罪を実現することも珍しくありません。

オレオレ詐欺の場合は、詐欺のシナリオを考える〝リーダー〟、他人名義の携帯電話（いわゆる飛ばし携帯）を準備する〝道具屋〟、電話をかけてターゲットを騙す〝かけ子〟、ターゲットの家に行って現金を受け取る〝受け子〟、複数のルートを辿って現金を事務所に送り届ける〝運搬役〟など、多種多様な役割があり、多くの人間が関わっています。

オレオレ詐欺というくらいなので、その実態は刑法２４６条が定める詐欺なのですが、今しがた紹介した役割のうち、**詐欺の実行行為を担っているのは誰でしょうか？**

◆刑法２４６条

▼１　人を欺いて財物を交付させた者は、10年以下の懲役に処する。

▼２　前項の方法により、財産上不法の利益を得、又は他人にこれを得させた者も、同項と同様とする。

詳しい説明は割愛しますが、「人を欺いて財物を交付させた」という文言から、欺罔《ぎもう》行為（騙す）と受領行為（財物を受け取る）は、詐欺の実行行為を構成すると考えられます。すると、欺罔行為を直接行っている〝かけ子〟と、受領行為を直接行っている〝受け子〟は、詐欺の実行行為を担っていると評価することができるでしょう。

このように、分業制を採用しているオレオレ詐欺においては、犯行計画の立案から実行までのすべてを担当する〝単独犯〟は基本的に存在しません。〝かけ子〟や〝受け子〟は、一部を担当しているに留まりますし、〝リーダー〟、〝道具屋〟、〝運搬役〟などの中には、実行行為を担っていない者も多くいます。

それでは、オレオレ詐欺グループのメンバーの中で、**詐欺罪の正犯（自ら犯罪を実行した者）としての責任を問われるべきは誰なのでしょうか？**

この点を検討するために、まずは刑法60条に目を通しましょう。

◆刑法60条
▼二人以上共同して犯罪を実行した者は、すべて正犯とする。

とても短い刑法60条は、**共同正犯**に関する規定です。

複数人が「犯罪を共同実行した」と評価できる場合には、その全員を正犯として処罰することが、この規定によって認められています。

当然、ここで問題となるのは、どのような場合に「犯罪を共同実行した」と評価できるのかです。

正犯が「自ら犯罪を実行した者」を指すことから、この定義を素直に解釈して、実行行為の一部を担ったことが最低限必要であるという有力な学説が存在します。

実行役でないリーダーは罪を逃れやすい？

この学説をオレオレ詐欺に当てはめると、〝かけ子〟(騙し役)や〝受け子〟(受け取り役)は正犯となり得ますが、その他のメンバー……特に詐欺のシナリオを考える〝リーダー〟ですら、正犯の責任を問うことはできないという結論が導かれそうです。

組織的な犯罪の場合、実行行為を担うメンバーほど逮捕のリスクが高いため、末端の人間が割り当てられることが多い（すぐに切り捨てられるため）と言われています。

しかし、詐欺によって大きな金銭的利益を得ているのは組織の上層部であり、そのような〝リーダー〟に正犯の責任を問えないというのは、違和感を覚えるのではないでしょうか。

現在の主要な考え方は、「犯罪の共同実行」の本質を、２人以上の者が犯罪を共同して遂行する合意を形成し、各関与者が協力して自己の犯罪を実現する点に求めています。

小難しい表現になってしまいましたが、作戦会議に参加しただけの人物であっても、**犯罪の実現に向けて「重要な役割」を果たしたと評価できる事情があれば、共同正犯の責任を問うことができるということです。**

そして、作戦会議に参加しただけで共同正犯の責任を問われる人物のことを、**〝共謀共同正犯〟**と呼んでいます。

さて、ここでようやく、今回の『にゃんこのしっぽ切り事件』の検討に移りましょう。

今回のケースでは、α《アルファ》・β《ベータ》・Σ《シグマ》が所属する盗賊団キャッツキャップが、ミラクルパールの窃盗を計画しています。

それぞれの役割としては、βが店内への潜入と仲間の手引き、αが宝石の窃取、Σが全体の犯行計画の策定とまとめ役といったところでしょう。

今回の計画において、建造物侵入と窃盗は、ミラクルパールを手に入れるために不可欠な実行行為であるため、αとβは共同正犯の責任を問われる可能性が非常に高いです。

一方、指示役のΣは現場に赴いていないため、窃盗の実行行為は担っていません。

先ほどの共謀共同正犯の考え方を踏まえると、実行行為を担当していないΣも、実行役に準じる重要な役割を果たしており、実行行為者と共に犯罪カタログに該当する行為を共同で行ったといえるときには、**共謀共同正犯として正犯の責任を問うことができます。**

本件の場合、αとβはΣを通じて犯罪計画を共有しており、Σがいなければ三者間で共謀がなされることはなかったといえます。

そして、Σは盗賊団キャッツキャップのリーダーであり、ターゲットや計画を立てるという重要な役割を果たしており、その利益を享受する立場にもあります。

これらのことからすれば、Σは共謀共同正犯として正犯の責任を問われる可能性が高いと評価できるでしょう。

特殊詐欺を始めとした近年の組織犯罪はどんどん巧妙化していて、その全容を把握するのは困難になっていると言われています。

具体的な計画を知らされず、ただ現金を受け取るように指示された〝受け子〟を逮捕しても、そこから組織の上層部に辿り着くことは茨の道です。

末端の構成員が逮捕されることは織り込み済みで、だからこそ、組織の情報は上層部間でしか共有していないのでしょう。

トカゲのしっぽ切りを繰り返すばかりでは本体に辿り着けず、詐欺被害を食い止めることはできません。

黒幕を引きずり出すためには、思い切った一手が必要なのかもしれません。

フフフ..

暴走パニック事件

Peace
キャッツキャップ盗賊団の掟、その1！
誰の血も流さないことニャ！
ハイッ
ハイッ
わかってますよボス!!
「傷つけるくらいなら逃げろ」ですニャ!!
そうだ!!「キャッツキャップ」の名を汚さぬよう心得ておくように！
一時間後、都内宝石店"ティファニャー"
…よし、ロック解除しました！
ナイスだα《アルファ》！
金庫オープン！
ガチャリ…
ゴクリ…
キィー…

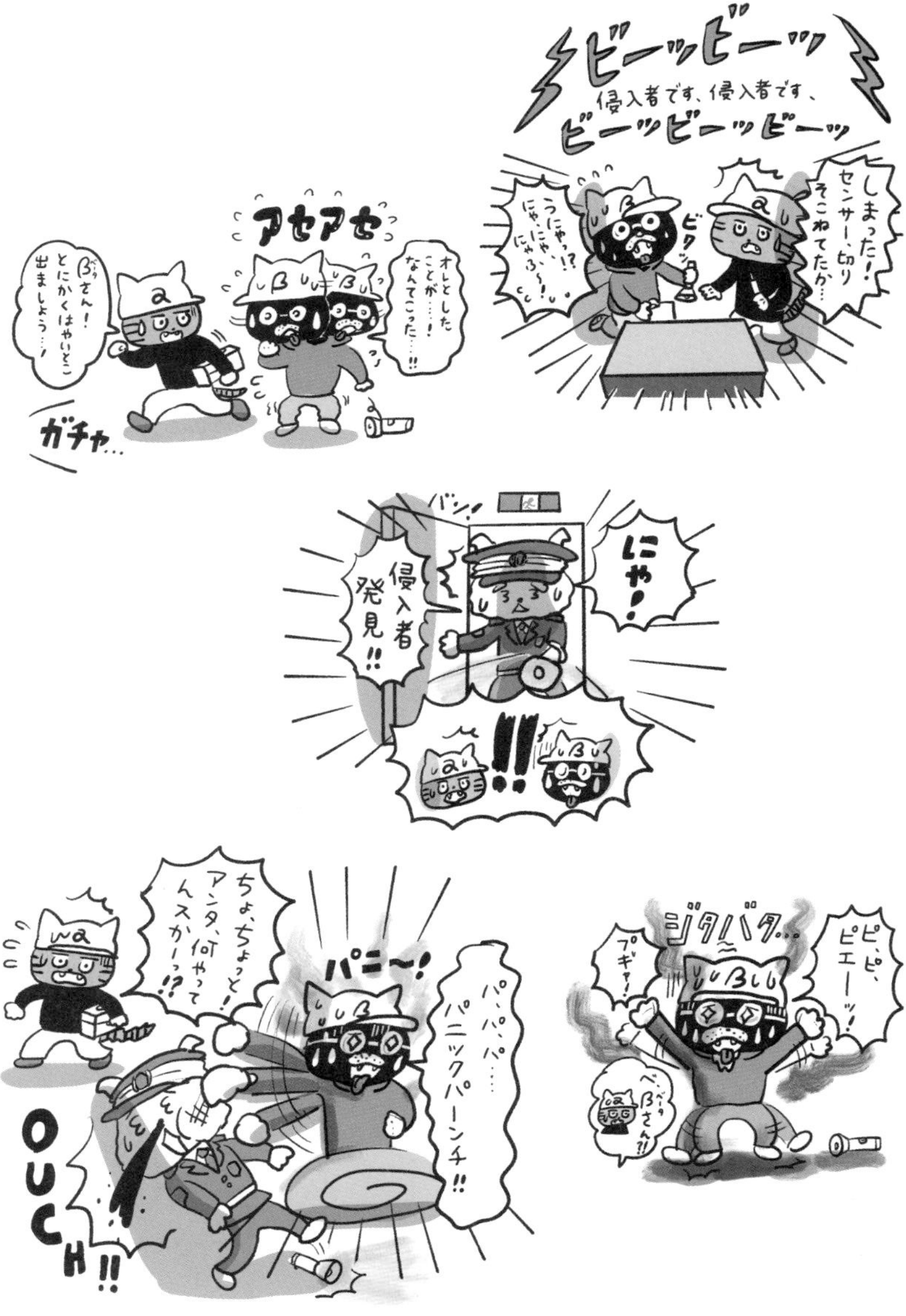

ビーッビーッ
侵入者です、侵入者です、
ビーッビーッビーッ
しまった! センサー、切りそこねてたか…
うにゃっ!? にゃ、にゃ、にゃふ〜!
ビクッ
アセアセ
オレとしたことが…! なんてこった…!!
β《ベータ》さん! とにかくはやいとこ出ましょう…!
ガチャ…
バン!
にゃ!
侵入者発見!!
!!
ジタバタ…
ピ、ピ、ピエーーッ!
プギャー!
べ、β《ベータ》さん?!
パニ〜!
パ、パ、パ… パニックパーンチ!!
ちょ、ちょっと! アンタ、何やってんスか〜っ!?
OUCH!!

犯行の途中で共犯者が暴走しても、「因果の矢印」が繋がっていたらダメ！

共犯の錯誤

前回に引き続いて、今回も複数の人間が関わって犯罪を実現する**共同正犯**について考えていきましょう。

盗賊団キャッツキャップは、宝石店での窃盗を計画して実行に移しています。メンバーのα・β・Σが一堂に会して作戦会議をしているわけですから、前回と同じように共謀共同正犯が問題になるケースですね。

◆刑法235条

▼他人の財物を窃取した者は、窃盗の罪とし、10年以下の懲役又は50万円以下の罰金に処する。

窃盗罪における〝窃取〟は、「財物の占有者の意思に反して、その占有状態を侵害すること」と理解されています。

・スーパーに陳列されている商品を鞄に入れて、代金を支払わずに持ち去る（万引き）
・電車の中で、乗客のポケットからはみ出していた長財布を抜き取る（スリ）

どちらも、占有者の意思に反していることは明らかなので、窃盗罪が成立します。
今回の宝石店の金庫をこじ開けて宝石を持ち去る行為も、〝窃取〟に当たることは特に争いがありません。

では、共犯関係については、どう処理するべきでしょうか？

αとβは、店への侵入・金庫のこじ開け・宝石の持ち去りという各行為に及んでいるので、**実行共同正犯として、正犯の責任を問われます**。
一方Σは、犯行現場での実行行為は担っていませんが、盗賊団のリーダーであり、具体的な指示も出しているので、共謀共同正犯として正犯の責任を問われることになるでしょう。

この辺りは、前回の『にゃんこのしっぽ切り事件』で検討したとおりです。もっとも、今回の事件では、Σは窃盗の指示を出し、αとβはそれを受け入れたにもかかわらず、アクシデントが生じた結果、暴走したβが警備ネコを殴ってしまっています。

突発的なアクシデントは、共犯関係にどのような影響を与えるのでしょうか？

まず、暴走したβを単体で見てみると、αと共に金庫から取り出した宝石を持って逃走しようとしたところ、駆けつけた警備ネコを殴り飛ばしています。

窃盗（宝石の持ち去り）と暴行（警備ネコの殴打［怪我の程度によっては傷害］）の他に、成立し得る犯罪があるのですが、わかるでしょうか？

正解は、強盗です。

◆刑法238条
▼窃盗が、財物を得てこれを取り返されることを防ぎ、逮捕を免れ、又は罪跡を隠滅するために、暴行又は脅迫をしたときは、強盗として論ずる。

◆刑法236条
▼1　暴行又は脅迫を用いて他人の財物を強取した者は、強盗の罪とし、5年以上の有期懲役に処する。

窃盗の実行行為に着手した後、宝石を取り返されることを防ぐ、あるいは、逮捕をまぬがれるために、警備ネコを思い切り殴り飛ばしているので、刑法238条の要件をすべて満たすことになります。

このように、当初は窃盗に及ぶつもりだった行為者が、〝事後的〟に暴行や脅迫に及んで刑法238条が適用される犯罪類型を、**事後強盗罪**と呼んでいます。

窃盗は、「10年以下の懲役又は50万円以下の罰金」であるのに対し、強盗は、「5年以上の有期懲役」なので、事後強盗が成立した場合は、窃盗に比べてかなり重い刑罰を科されることになります。

βは、パニック状態に陥っていたとはいえ、自ら警備ネコに暴力を振るっている以上、事後強盗に問われるのは致し方ないと評価できるでしょう。

事件は現場で進化する

一方、窃盗を共同遂行する意思しかなく、警備ネコに危害を加えることは予想していなかったαやΣに対しては、どの範囲でβの行為の責任を問うべきでしょうか。

まず、α・β・Σ間の共謀（作戦会議）と、βの事後強盗行為との間に因果関係が認められるか……つまりは、**因果の矢印が繋がっているのかを検討します。**

因果関係が認められなければ、その時点で**共謀の射程から外れる**ことになります。

当初の犯行計画は、①宝石店に侵入して、②金庫をこじ開け、③宝石を持って逃走する、というものでした。

実際のβの行動は、①〜③までは犯行計画通りに進んだ上で、④防犯センサーが作動して駆けつけた警備ネコを殴り飛ばすという行為が追加されたことになります。

犯行計画とβの行動を見比べてみると、大部分（①〜③）が共通していますし、被害金品も同じ宝石のまま変わっていません。

また、防犯センサーが作動して警備ネコが駆けつけることも、宝石店のセキュリティとして充分考えられる範疇《はんちゅう》のものであり、当初の犯行計画から大きく逸脱したアクシデントとは言えないでしょう。

これらの事情を総合的に勘案すると、共謀と事後強盗行為は因果の矢印で繋がっており、因果関係が認められると判断される可能性が高いと言えそうです。

もっとも、繰り返し指摘しているとおり、αやΣには窃盗の共同正犯の故意しかなかったのに、βの暴走によって事後強盗の結果が生じてしまっています。

αやΣの目線で考えると、窃盗を共同で実行する〝主観〟であったにもかかわらず、事後強盗という〝客観〟的状況が生じている。

主観と客観のズレ——以前に検討した**錯誤**が、共犯者間で問題になっているわけです。

刑法における錯誤をどのように処理するのか、まだ覚えているでしょうか。

主観と客観のズレが、同じ犯罪カタログの中で生じているか、異なる犯罪カタログの間で生じているかを、まずは検討する必要があります。

今回は、窃盗と事後強盗なので、異なる犯罪カタログでの問題であり、このような錯誤を**〝抽象的事実の錯誤〟**と呼ぶのでした。

そして、共犯における抽象的事実の錯誤では、各犯罪カタログの保護法益や行為態様を比較した上で、実質的な重なり合いが認められる場合には、その限度で共同正犯が成立します。

今回の事件では、占有者の意思に反して財産権を侵害するという行為態様も、財産の占有状態を保護するという保護法益も合致しているため、窃盗と事後強盗の犯罪カタログ間で実質的な重なり合いが認められ、**窃盗罪の限度で共同正犯が成立します。**

以上の検討結果をまとめると、βには、事後強盗罪の単独犯が、αとΣには、窃盗罪の共同正犯が成立することになるでしょう。

このように、事前に犯行計画を立ててから実行に移す場合、さまざまな事情によって共犯者が計画から逸脱した行為に及ぶ可能性があります。

今回は、当初の共謀と大部分が合致していたので、因果関係は認められると考えましたが、アクシデントの内容次第では、その結論も変化します。

たとえば、今回と同じように宝石を盗み出す計画を盗賊団キャッツキャップが立てた上で、実行役のαとβがターゲットの店の前に行ったところ、厳重な警備態勢が敷かれていたので、近くの別の宝石店に侵入したとします。

αとβが宝石を盗み出すことに成功した場合、当初の犯行計画と比較しても、窃盗という同じ犯罪カタログ内でズレは生じていません。

ですが、犯罪の重要な要素である被害店舗（ターゲット）が変わっている以上、当初の共謀の射程から外れているとみなされて、指示を出したΣとの関係では共謀の因果関係が否定される可能性があります。

このように、共同正犯においては、共謀がどの範囲でなされていて、実際に生じた犯行結果が、その射程内に収まっているかが重要な意味を持ちます。

NYANKO CASE 27

強盗フリーライド事件

他人の犯罪行為を利用する形で事後的に犯罪に加担してはダメ！

承継的共同正犯

前回と前々回で扱った盗賊団キャッツキャップの事件は、事前に犯行計画を立ててから実行に移しているため、共謀と実行行為の間に一定のタイムラグがありました。

〝共犯〟と聞くと、このような事前計画のパターンを思い浮かべる人が多いと思いますが、実際には、**犯行の直前や途中で意思疎通が行われることが珍しくありません。**

まずは、犯行の直前に意思疎通が行われるケースから考えてみましょう。

友達と2人で道路を歩いていたら、不良に因縁をつけられて、殴りかかられたとします。友達が殴り返したのを見て、その喧嘩に参戦した場合、不良に暴行を加える意思形成はその場でなされたと認定されることが多いでしょう。

このような犯行現場での意思形成を〝**現場共謀**〟と呼んでいます。現場共謀は黙示的に（暗黙のうちに）なされることが多く、状況をどこまで把握していたかの認定が特に重要です。

このケースでも、その他の要件も満たしていれば（正当防衛については念入りに検討する必要がありますが）、暴行や傷害の共同正犯が成立することになります。

直前であっても、意思形成がなされているのであれば、一連の犯行によって生じた結果の責任を共犯者に問えるという結論は、それほど違和感なく受け入れることができるのではないでしょうか。

ここで問題となるのが、実行行為の一部が開始された後に、意思形成がなされた場合です。**犯行の途中で意思形成がなされても、その前後を問わず、全体について共同正犯が成立する余地があるのか**……。

今回の事件を分析しながら、検討していきましょう。

ガラ悪ネコは、社会人ネコに因縁をつけてボコボコにした後、食料を奪っています。社会人ネコは意識を失っていますから、財物（食料）を奪うことを最初から決めていた場合は、強盗罪が成立します。

より慎重に考えなければならないのは、社会人ネコが意識を失ってからガラ悪ネコに協力を申し出た負け犬ネコです。

まさに漁夫の利を得ようとしているわけですが、その卑怯な立ち回りに対して、どのような罪に問えるのでしょうか。

現場で「共犯関係」が生まれてしまうとき

ガラ悪ネコの行動は、次のように細分化することができます。

・暴行（殴る蹴る）
・犯行抑圧状態（社会人ネコ失神）
・財物奪取（食料持ち去り）

強盗は「犯行を抑圧するに足る暴行（又は脅迫）によって財物を奪取する行為」なので、これらを一連の行為とみなして、実行行為に着手したかや、犯行が既遂に至ったのかを判断することになります。

そして、負け犬ネコが犯行に関与したのは財物奪取からなので、犯行抑圧状態を作り出した暴行の時点での共謀は認められません。

つまり、**共謀の意思形成が、強盗の実行行為の途中でなされているのです。**

意思形成がなされた時点以降の行為についてのみ責任を問うのであれば、窃盗罪の共同正犯。先行者（ガラ悪ネコ）の行為についての責任も問うのであれば、強盗罪の共同正犯。

理論的には、どちらの結論もあり得るところです。このような場合は、制度の趣旨に遡って考える必要があります。

共同正犯者がすべて〝正犯〟としての責任を問われるのは、2人以上の者が犯罪を共同して遂行する合意を形成し、その合意に基づいて実行行為を行うことで、各関与者が協力して自己の犯罪を実現したといえるからです。

三人寄れば文殊の知恵ということわざがありますが、複数人が集まって知恵を出し合うことで、1人では成し得なかった犯罪を実現できてしまう可能性があります。

新たなアイディアが生まれるだけではなく、共犯者の存在が精神的な支えとなったり、逆に引くに引けなくなったりなど、共犯関係を築いていなければ実行に至らなかった犯罪が多くあることは容易に想像できます。

そこで、途中から犯行に関与した者がいる場合は、**共犯関係を認めて双方に正犯としての責任を問うべきと評価できるほどの協力関係にあったか否か**を、一つの判断基準とするという考え方が有力です。

具体的には、「**後行者が、先行者の行為や生じた結果を自分の犯罪遂行の手段として積極的に利用した場合**」は、共同して犯罪を実現したといえるので、先行者の行為も含めて全体の責任を問うことができると考えられています。そして、このような共犯類型を**承継的共同正犯**と呼んでいます。

今回の事件で負け犬ネコは、ガラ悪ネコが作り出した社会人ネコの犯行抑圧状態を利用して、空腹を満たすために食料を奪い取っています。

まさに、「後行者（負け犬ネコ）が、先行者（ガラ悪ネコ）の行為や生じた結果（社会人ネコの犯行抑圧状態）を自分の犯罪遂行の手段（食料を手に入れる）として積極的に利用した場合」と評価できるので、**強盗罪の共同正犯が成立する可能性が高いといえるでしょう。**

前々回から、３つの事件を通じて共同正犯について検討してきました。

共同正犯が成立するか否かは、自己の犯罪を実現したと言い得るほどの「重要な役割」を果たしたと評価できるかによって判断されると、以前に説明しました。

それでは、「重要な役割」を果たしたとまではいえない関与者については、何らの責任も問えないという結論になってしまうのでしょうか？

この点について、次回の事件を通じて考えていきましょう。

CHIPS

NYANKO CASE 28

他人の不幸は蜜の味事件

その②
よし……
キョロキョロ
変装完了……
コソコソ…
ブツブツ
おや、お前どうした～？
コソドロみたいなかっこして～(笑)
ドキッ
実は……
となりのキザネコんちに「ちゅるる」が大量に届いたのを見ちゃって……
HEY GUYS♪
本名はマイケル
その……ちょっと、玄関の横の窓から、チラ見しようかと……だから！盗るとかじゃ……ないから……ネ……
フムフム
ニャルホドねェ～
ニヤニヤ
あ！そういえば、オレ～
キザネコの家の前でこんなものを拾ったんだけど～…？
え?!
フフフフフフ…
そ、それじゃボクが返しておいてあげようかナ…
キザネコは本日デートで遠出してるから当分戻らないみたいだネェ…
サッ！
スチャッ…

他人に犯罪を唆したり、
他人の犯罪を助けたりしちゃダメ！

教唆犯　幇助犯

前回の最後に少しだけ触れましたが、犯行に関与した者が複数いる場合でも、自己の犯罪を実現したとみなせるほど「重要な役割」を果たしたと評価できない場合は、その関与者に共同正犯は成立しません。

そのような関与者について、刑法はどんな規定を設けているのでしょうか。

◆刑法61条
▼1　人を教唆して犯罪を実行させた者には、正犯の刑を科する。

◆刑法62条
▼1　正犯を幇助した者は、従犯とする。

◆刑法63条
▼従犯の刑は、正犯の刑を減軽する。

教唆《きょうさ》、幇助《ほうじょ》、従犯《じゅうはん》……。耳慣れない単語がたくさん出てきましたね。一つずつ定義を確認していきましょう。

まず、教唆と幇助についてです。

「教唆」は、「教え唆《そそのか》す」という漢字からもイメージできるとおり、**犯罪を行うよう他人を仕向ける行為**を指します。

一方「幇助」は、「幇」という漢字を見たことがある人は少ないと思いますが、「わきから助ける〔デジタル大辞泉〕」ことを意味していて、**犯罪の手助けをする行為**を指します。

もう少し具体的に説明すると、罪を犯す意思がなかった者を唆して、犯罪を行うよう仕向けるのが「教唆」、罪を犯す意思を既に有している者に接触して、物理的・精神的に手助けするのが「幇助」です。

「従犯」は、幇助犯と言い換えられることもあり、「幇助に及んだ犯人」と理解すれば足ります。

以上の理解を踏まえた上で、もう一度刑法61条から63条を見てみましょう。

教唆犯に対しては、正犯と同じ刑が、従犯（幇助犯）に対しては、正犯の刑を減軽した刑が、それぞれ科されることになります。

他人を唆したか（教唆）、手助けをしたか（幇助）によって、どうしてこのような違いが生じるのでしょうか。

先ほど説明したとおり、幇助は「罪を犯す意思を既に有している者」の手助けをする行為で、教唆は「罪を犯す意思がなかった者」を唆す行為です。**犯意を新たに形成しているという点で、教唆は幇助よりも主体的に犯罪に関わっている**と評価することができます。

教唆犯の方が従犯（幇助犯）よりも強い非難に値する理由の一つが、この主体性の違いにあると考えられています。

唆しや手助けが共同正犯になるケースも

さて、ここまでの説明をまとめると、犯行に関与した者に問う余地がある責任としては、共同正犯の他に、教唆犯と幇助犯の規定があることがわかりました。

共同正犯は、自己の犯罪を実現したと評価できることが求められるので、「正犯」として扱われます。

一方、教唆犯と幇助犯は、あくまで他人の犯罪に関与したに留まるので、「共犯」として扱った上で、教唆犯には「正犯と同じ刑」が、幇助犯には「正犯の刑を減軽した刑」が、それぞれ科されます。

このように分類すると、共同正犯と教唆犯・幇助犯（狭義の共犯）は明確に区別できると思われるかもしれません。ですが、実際の事件では、共同正犯と狭義の共犯のどちらに当たるのかについて争われることが珍しくありません。

『にゃんこのしっぽ切り事件』や『暴走パニック事件』の盗賊団キャッツキャップのΣは、自らは犯行現場に赴かず、リーダーとして指示を出しているに留まります。

Σの行為は、解釈次第では、αとβに罪を犯すよう唆したとみることもできます。その場合は、共同正犯ではなく教唆犯が成立するに留まると考えることになるでしょう。

共同正犯と教唆犯の違いは、自己の犯罪を実現したとみなせるほど「重要な役割」を果たしたと評価できるか否かです。グループにおける地位や、具体的な指示の内容などを丁寧に分析した上で、どちらに当たるのかを認定していくことになります。

以上が教唆犯と幇助犯についての基本的な説明になります。

最後に、「ちゅるる」を巡る2つの事件を検討しながら、狭義の共犯について正しく理解できているかを確認していきましょう。

①ちゅるる復讐事件

弟ネコは、大切にとっておいたちゅるるがなくなって取り乱していますが、犯人に心当たりがなく、怒りの矛先を向ける相手を探していました。

そこに現れた兄ネコは、犯人がハムスターであるかのように弟ネコを誘導して、復讐を決意させています。

弟ネコは、兄ネコに唆されて初めてハムスターを襲う暴行の故意が生じていると言えるので、**兄ネコには暴行（又は傷害）の教唆犯が成立します。**

この程度であれば教唆犯に留まる可能性が高いと思いますが、ハムスターを襲う計画を具体的に立てて、それによって兄ネコが何らかの利益を享受するような場合は、自己の犯罪を実現したと評価でき、共謀共同正犯が成立することもあり得ます。

②ちゅるる窃盗事件

このケースでは、弟ネコは、キザネコの家に保管されているちゅるるを盗み出すことを、兄ネコと出くわす前から決意しています。

兄ネコは、キザネコの家の鍵を弟ネコに渡して、ネックだった室内への侵入の手助けをしています。

実行行為以外の方法で正犯の実行行為を容易にしたと評価できるので、少なくとも**住居侵入・窃盗の幇助犯が成立します。**

また、犯罪計画の立案から関与していたり、ちゅるるの分け前を兄ネコも受け取っていたりするような場合は、共謀共同正犯が成立することもあり得ます。

NYANKO CASE 29

心変わりドロン事件

ん?・βさん どしたんスか?
なんか
いやな予感がする…
今日は……
……やめておかニャイか…?
え〜〜!?
なにを言ってんスか 今さら!!
今日がチャンスなんス、引き下がれニャイっスよ
プイ!
じゃあ、お前一人でやってくれよニャ……
ハァー……
ったく β《ベータ》さんときたら……
あとはヨロシク……
ヤレヤレ…
パカッ
「絆は永遠」とか言ってたのは誰だよ、もうっ!!(泣)

直前で犯行を思いとどまっても、仲間がそのまま犯罪に走ったらダメ？

共犯関係からの離脱

特殊詐欺グループにおける寝返りも、反社会的勢力における裏切りも、日常茶飯事とまでは言わなくとも、それなりの頻度で起きているイメージがあります。

報酬の分け前を巡るトラブル、他のグループからの引き抜き、まっとうな職に就くために足を洗う。犯罪計画を練っている最中に、そのようないざこざが起きたら……。

共犯関係からの離脱について、今回は考えていきます。

本題に入る前に、以前に扱ったテーマを簡単に振り返りましょう。

刑法における後戻りの制度――〝中止犯〟について、『弾切れ殺人事件』で検討したのですが、覚えているでしょうか？

刑法43条の但し書きは、「自己の意思により犯罪を中止したとき」は、「その刑を減軽し、又は免除する」と定めています。

中止犯の趣旨としては、犯罪の実行に着手したものの、自発的に犯行の中止を決意したり、結果発生の防止に向けて真摯な努力をしたりした場合には、非難可能性が減少するため、刑の必要的な減軽が認められているのでした。

条文に書かれているとおり、中止犯には、①「自己の意思により」（中止の任意性）と、②「犯罪を中止した」（中止行為）の2つの要件があります。

今回の事件でキャッツキャップ盗賊団のβは、ターゲットの店に到着するやいなや、嫌な予感がするからという理由で引き返しています。

もしもこの場にαが不在で、βの単独犯だったとしたら、中止犯は成立するでしょうか？

まず、①中止の任意性は、「しようと思えばできたが、しなかった」場合には認められ、「したかったが、できなかった」場合には認められません。

今回のケースでは、ターゲットの店での窃盗を妨げる事情が生じたわけではなく、嫌な予感がするという抽象的な理由で、βは引き返すことを決意しています。

もっぱらβの個人的な主観によって引き返しているため、「しようと思えばできたが、しなかった」場合に当てはまり、中止の任意性は認められる可能性が高いでしょう。

次に、②の中止行為についてです。

この時点では、金庫をこじ開けたり、宝石を取り出したりと、具体的な窃取行為に及んでいるわけではないので、そのまま現場を立ち去っただけでも、中止行為の要件は肯定されると考えます。

したがって、①の要件も②の要件も満たすので、βが単独で宝石店に赴いていた場合は、中止犯が成立する可能性が高いという結論が導かれます。

ですが、βの単独犯というのはあくまで仮定の話で、実際にはαも現場に赴いていますし、その背後にはリーダーのΣもいます。

「離脱を申し入れた状況」が重要

共犯者を放置したまま逃げ帰った場合でも、中止犯の成立を認めていいのでしょうか？

単独犯の場合は、途中で引き返せば結果が生じることは基本的にありません。
一方、共犯の場合は、1人が引き返しても、他の共犯者が初志貫徹で突き進めば、犯罪が実現してしまいます。
そこで、**一部の共犯者が離脱の意思表明をした場合、その後に生じた結果について責任を負うのかが問題になるのです。**
この点を掘り下げて考えていきましょう。

共犯の処罰根拠は、共犯者の行為を通じて法益侵害の危険を惹起する点にあります。したがって、共犯関係から離脱することで、離脱後の結果との間の因果関係が否定される場合は、離脱後の結果の責任を負わないと考えることになります。

因果関係は、実行行為と法益侵害結果の間を結ぶ矢印を意味するので、この矢印が繋がるか否かによって、責任の有無を判断するということです。

共犯関係において、どうすれば因果関係が否定されるかは、**離脱を申し入れた状況**が大きな意味を持ちます。

まず、犯行計画に沿って動き出したものの、まだ実行行為に着手していない段階では、他の共犯者が離脱を了承すれば、一般的に因果関係が否定されます。

一方、実行行為の着手後は、他の共犯者の了承だけでは足りず、結果の発生防止に向けて積極的に措置を講じることまで求められると考えられています。

さらに、実行行為の着手前であっても、離脱者が首謀者である場合や、犯行計画に不可欠な道具を準備しているような場合は、やはり共犯者の了承だけでは足りず、結果の発生防止に向けて積極的に措置を講じることまで求められることもあるでしょう。

今回のケースの場合、βは建物に入る前に離脱を申し入れてαも渋々ですが受け入れています。βが首謀者ではなく、Σの指示に従っていただけであることからすれば、**因果関係が否定される可能性が高い**といえそうです。

共犯関係からの離脱が認められた場合は、その後に生じた結果の責任は負いません。また、中止犯の要件も満たす場合は、刑の必要的な減軽が認められます。

一方、ターゲットの宝石店に侵入して金庫の前に辿り着いた状態で、βが離脱を申し入れた場合は、窃盗の実行行為に着手したとみなすことができるので、αを説得して連れ戻そうとするくらいの行動に出ることが求められるでしょう。

そのような行動を一切とらずに逃げ帰った場合は、因果関係が否定されず、その後にαが宝石を盗んだ場合は、共犯としてその責任も負わなければなりません。

前々回の『強盗フリーライド事件』では、実行行為の途中に共犯関係が成立したケースを検討したのに対して、今回は**途中で共犯関係が解消したか否か**が問題になっています。

複数の人間が犯行に関わる共犯では、時系列や当事者の思惑が複雑に入り乱れることが珍しくありません。

頭の中が混乱しないように、どの時点における誰の行為が問題になっているのかを整理することが、とても重要です。

NYANKO CASE 30

刑罰フルコース事件

死刑

懲役刑

禁錮刑

うっかり車をぶつけて罰金刑になっちまった……
ヤレヤレ…
10万円の罰金
検察庁

罰金刑

徴収担当
ペコリ
こんにちは……これ……お金と納付書です……。
ハイ、確かに徴収致しました～
オツカレサマデス

徴収担当
あの……自分……実は金なくて払えナイッス……
スイマセン…
ありゃ!! そうですか…
そうしたら労役場ですネ

罰金額 10万円
だから1日 5000円で
20日間の労役場留置か…
カポッ

刑罰の種類

「報復」もダメ、「罪と罰との均衡」が崩れてしまってもダメ！

死刑であれば生命、懲役刑であれば身体の拘束、罰金刑であれば財産権……。

このように、刑罰を科すということは、犯罪者の一定の法益を国家が侵害することを意味しています。

◆憲法18条
▼何人も、いかなる奴隷的拘束も受けない。又、犯罪に因る処罰の場合を除いては、その意に反する苦役に服させられない。

憲法18条も、「犯罪に因る処罰の場合」には、意に反する苦役に服させることを認めているため、刑罰は憲法にも違反しないと考えられています。

刑法は、他人の生命や身体、財産権などを違法に侵害することを禁止しながら、その一方で、犯罪を犯した者に対しては、それらの法益を侵害する刑罰を定めています。

自己矛盾に陥っているようにも思われる刑罰が、どうして正当化されるのか。その理由を考えてみましょう。

1つめの考え方は、〝**応報刑主義**〟です。

罪を犯した者に対しては、その**当然の報い**として、害悪又は苦痛を内容とする刑罰を科するべきだという非常にシンプルな考え方です。

応報＝報いとして科されるのが刑罰だと考えるので、犯した罪に相応する罰でなければならず、その均衡を失することは許されません。

ここで重要なのは、〝応報〟であって〝報復〟ではないという点です。

報復は、仕返しと言い換えることもできます。やられたらやり返す……。そのような復讐ではなく、あくまで「正当な当然の報い」として刑罰を科す。

応報を主軸にした考え方が、刑罰の正当化の根拠として有力に主張されています。

2つめの考え方は、〝**一般予防主義**〟です。

これは、刑罰が定められていることによって、**社会の一般人（罪を犯さず社会で生活している人）を威嚇《いかく》し、犯罪の発生が予防できる**という考え方です。

殺人や傷害、窃盗といった犯罪の多くは、ニュースやドラマなどで多くの人に聞き覚えがありますし、それらの行為に及べば刑罰を科されることが予告されています。

恨んでいる相手がいるけれど、その人に襲いかかって傷つければ、暴行罪や傷害罪で刑罰を科されるかもしれない。人生を棒に振りたくないので、別の解決策を探ろう……。

こういった思考を辿ってギリギリで踏みとどまる人は、統計を取るのは難しいのですが、おそらく多くいるはずです。

一般人の犯罪を予防することから、一般予防主義と呼ばれており、刑罰にその効果があることは否定できません。

ですが、刑罰は重ければ重いほど、一般人を威嚇することができて予防効果が大きいことになります。この側面を重視しすぎると、**罪と罰の均衡が崩れてしまう可能性**があります。

なので、一般予防は、副次的な効果と捉えるべきとも主張されています。

3つの考え方は、〝**特別予防主義**〟です。

先ほどの一般予防主義は、まだ罪を犯していない「社会の一般人」を対象にしていましたが、特別予防主義は、刑罰を科すことによって「**犯人自身**」**が再び罪を犯すことを予防する**という考え方です。

懲役刑や禁錮刑によって一般社会から隔離されている期間は、罪を犯すことが基本的にできないので、特別予防の目的は一定程度達することができます。

また、刑罰という苦痛を伴う罰を加えることで犯人を懲らしめれば、再び罪を犯そうという気持ちを抱かなくなることも期待できるでしょう。

ですが、一般予防主義と同じように、犯人を懲らしめるには、重い刑罰を科した方がより効果が期待できるため、やはり罪と罰の均衡が崩れてしまう可能性があります。

したがって、刑罰を正当化する根拠については、**本質的な内容は「応報」に求めた上で、「一般予防」や「特別予防」の役割を副次的に加味するという考え方**が有力です。

以上の考え方を前提に、代表的な刑罰を簡単に紹介していきます。

「死刑」「懲役刑・禁錮刑」そして「罰金刑」

①死刑

生命を剝奪する死刑は**〝究極の刑罰〟**とも呼ばれています。その是非も含めて、限られた文字数で踏み込んだ解説はできないため、本書では概要について説明するに留めます。

現行刑法上最も重い刑罰が死刑であり、殺人や現住建造物等放火罪など、刑法典では12種の犯罪について、死刑が法定刑として定められています。

日本では、執行方法として絞首刑が採用されており、憲法36条が禁止する「残虐な刑罰」に当たるのではないかと争われたこともあります。

この点について最高裁は、「(絞首刑は)一般に直ちに憲法36条にいわゆる残虐な刑罰に該当するとは考えられない」と判断しています。

また、18歳未満で罪を犯した少年に対しては、死刑を科すことはできないと少年法で定められています。

②懲役刑・禁錮刑

懲役刑も禁錮刑も、刑事施設に拘置して犯罪者の自由を剥奪することを内容としているので、〝**自由刑**〟と呼ばれています。

両者の違いは、刑事施設に拘置しながら刑務作業に服させるのが**懲役刑**で、刑事施設に拘置するだけで特定の作業は課さないのが**禁錮刑**です。

特定の思想に基づいて行われることが多い**政治犯**や、故意に罪を犯したわけではない**過失犯**については、通常の犯罪者と扱いを異にする必要があるため、禁錮刑に処されることが多くあります。

もっとも、禁錮受刑者も請願すれば刑務作業に従事することが認められています。9割以上の禁錮受刑者が刑務作業に従事しており、懲役刑と禁錮刑の差は実質的になくなっているのが現状です。

なお、令和4年に「刑法等の一部を改正する法律案」が可決され、懲役刑・禁錮刑を廃止して、〝拘禁刑〟に単一化することが決まりました。

この改正法は令和7年までに施行される見込みで、従前の懲役刑や禁錮刑の枠にとらわれず、それぞれの特性に合わせた作業や指導に服させることで、受刑者の改善更生を図ることが期待されています。

③罰金刑

その名のとおり、一定額の金銭を徴収する刑罰が罰金刑です。

窃盗、詐欺、横領などの**利欲犯**や、**過失犯**などでは法定刑として罰金が定められており、犯行態様などに応じて金額が決まります。

刑事裁判の時点では、被告人の資力を事細かに確認するわけではないので、言い渡された罰金を所定の期間内に支払えないという事態がときおり生じます。

そのような場合は、一定の期間、刑事施設内の労役場に留置して労役を課されることになります（〝**労役場留置**〟と呼ばれる制度です）。

たとえば、10万円の罰金を科されたにもかかわらず、1円も支払うことができなかった場合は、労役場での労働を1日当たり5000円と評価した上で、20日間の労役場留置が行われることになります（1日当たりの労働対価は、裁判所がその都度決定します）。

罰金刑での労役場留置の期間は、1日以上2年以下と定められているので、罰金額次第では1日当たりの労働対価がかなり高額になるケースが想定できます。

仮に3000万円の罰金刑を科された場合は、最長の2年間労役場に留置したとしても、1日当たりの労働対価をおよそ4万1000円にしないと計算が合わなくなるからです。

もちろん、労役場留置は「労役を課すことで罰金刑を代替したものとみなす制度」なので、労役場での日給が約4万円に値するとか、そういった話ではありません。

以上で、にゃんこ刑法の解説はひとまず終了です。

最後までお読みいただき、ありがとうございました。

五十嵐律人《いがらし・りつと》

1990年岩手県生まれ。東北大学法学部卒業。弁護士（ベリーベスト法律事務所・第一東京弁護士会）。『法廷遊戯』で第62回メフィスト賞を受賞し、2020年デビュー。著書に、『不可逆少年』『原因において自由な物語』『幻告』（以上、講談社）、『六法推理』（KADOKAWA）、『魔女の原罪』（文藝春秋）がある。大胆なストーリーテリングとたしかな法律知識で読者の支持を集める、ミステリー界の新星。2023年11月に映画『法廷遊戯』が公開（主演：永瀬廉［King & Prince］）。

多田玲子《ただ・れいこ》

1976年生まれ。東京都出身京都府在住のイラストレーター。挿絵を担当した主な作品に『八百八百日記』（創英社）、『NHKみんなのうた絵本　うんだらか うだすぽん』（NHK出版）、『100万回死んだねこ』（講談社）、『パリン グリン ドーン』（マガジンハウス）などがある。